迪奥传

朱丹红◎著

时代文艺出版社

图书在版编目（CIP）数据

迪奥传 / 朱丹红著. —长春：时代文艺出版社，2012.10（2023.7重印）
（世界商业名人传记丛书）

ISBN 978-7-5387-4109-4

Ⅰ.①迪… Ⅱ.①朱… Ⅲ.①迪奥，C－传记 Ⅳ.①K835.655.7

中国版本图书馆CIP数据核字（2012）第182983号

出 品 人　陈　琛
责任编辑　闫松莹
助理编辑　孙英起
装帧设计　孙　利
排版制作　隋淑凤

迪奥传

朱丹红　著

出版发行 / 时代文艺出版社
地址 / 长春市福祉大路5788号　龙腾国际大厦A座15层　邮编 / 130118
总编办 / 0431-81629751　发行部 / 0431-81629755
官方微博 / weibo.com / tlapress　天猫旗舰店 / sdwycbsgf.tmall.com
印刷 / 北京市一鑫印务有限公司
开本 / 710mm×1000mm　1 / 16　字数 / 145千字　印张 / 12
版次 / 2013年1月第1版　印次 / 2023年7月第3次印刷　定价 / 36.00元

目录
Contents

　　在时尚界，没有人不知道克里斯汀·迪奥，克里斯汀·迪奥是什么？他是20世纪让世界瞩目的时装设计师；也是巴黎时装屋的名称；是那一款款漂亮的衣服；是很多漂亮得让人炫目的奢侈品……但是这些都只是克里斯汀·迪奥的一个部分。克里斯汀·迪奥是它的"灵魂"，他是一位传奇人物，是赋予那些没有生命的物品以灵魂的魔术师。直到今天，他的精神依然如明星闪耀，他的名字是美丽、优雅和生活乐趣的永恒标志。

　　提起克里斯汀·迪奥，你的脑海里或许会闪现出那些经典的格子女装，紧收的腰部和优雅的斜裁完美地凸显了充满魅力的女性曲线。1947年2月12日，这是一个让人震惊的日子，迪奥先生展现了惊世骇俗的"新风貌"女装，世界各地的报纸头条也都是他的名字，很多人称他为"拯救巴黎的英雄"。几乎在一夜之间，全球的女性都为之倾倒，迪奥的时尚、迪奥的"新风貌"成了她们趋之若鹜的追求。克里斯汀·迪奥把完美带到了大街上，让当时二战的影响远离了女人，女人因为迪奥而再次美丽、再次惊艳。

曾经有一幅图片代表了迪奥时代：1947年的法国，在晨雾浓重的塞纳河河畔，一位美丽的女子身穿着迪奥1947年春夏花冠系列中的沙漏形套装伞裙，站在人行道的边缘，戴着黑色手套的双手摆出一个优雅的姿势，在她的身后是看不见尽头的石板路，仿佛预示着时尚之路的漫无边际。那是一个时代的到来，是迪奥改变了时装界，改变了时尚王国。

迪奥先生的生活是曲折的，幼年时候的幸福在一夜之间被摧毁；青年时代辗转在欧洲各国、服兵役直到1929年的全球性经济危机、经历了二战时期。经历了种种挫折后，迪奥先生终于在四十岁时在巴黎时装界一夜成名，没有人会预料到，时隔四十二年之后，那个弱不禁风的小男孩会成为法国乃至世界服装史上最伟大的设计师之一。他一手缔造的"新风貌"服饰风靡全球，迅速被全世界的名媛贵妇追捧。如此幻梦一般的服装，让饱受战火摧残的女性，在华美的服装里唤醒了对于战前舒适生活的美好回忆。

克里斯汀·迪奥擅长以利落的线条反衬出女性的柔美，提倡简洁、注重质量。在面料的选择上一贯选用高档的上乘面料，如绸缎、传统大衣呢、精纺羊毛、塔夫绸、华丽的刺绣品等，利用最奢华的布料流泻烘托出华贵的魅力。他认为剪接线越少，越能表现服装的美感。

迪奥品牌一直是华丽女装的代名词，迪奥的服装体现了时尚与实用的完美结合。迪奥品牌的革命性还体现在致力于时尚的可理解性，做工更是以精细见长。迪奥是一个谦恭善良的人，他很关注这个世界中的美好事物。他在艺术、音乐、花草、服装方面的经验，是他成为一位非常富有创造性的职业服装设计师的首要条件。

迪奥先生一生都没有娶妻生子，原因在于他想把自己的兴趣和爱好献给自己的生命。没有他，就没有女人们对巴黎、对法国的膜拜，就没有今天的奢侈品牌。

本书详细地讲述了20世纪最伟大的服装设计师、迪奥创始人克里斯汀·迪奥的人生经历，将一个真实自然的克里斯汀·迪奥展现在大家面前。

第一章　憧憬艺术的海边少年

1. 迪奥家族的男童

法国的小镇总是那么美丽，让人心旷神怡。随着冬天的到来，小镇也有了丝丝凉意，服装也变得多姿多彩起来，美丽的女人们把自己婀娜的身体都包裹在衣服下面，仿佛在对抗着寒冷。

1905年1月21日，深夜1点30分，迪奥家的第二个儿子克里斯汀·迪奥（Christian Dior）出生在卢瓦尔河流经的一处叫做卢瓦尔河谷镇的地方。克里斯汀·迪奥出生的那一天和平常并没有什么不同，只是还处于冬季的法国有那么一点寒冷。就连他的父母也想不到这个啼哭声音不大的小男孩会有一天站在世界之巅，成为众人瞩目的对象。因为有了大儿子，父母对这个小男孩的到来少了很多的惊喜，似乎一切都是那样的自然和平常。

克里斯汀·迪奥的父亲叫亚历山大·路易斯·莫里斯·迪奥，他是一个非常有责任感的男人，最大的快乐就是让全家人幸福。母亲叫玛丽·玛德琳·朱丽叶·马汀。克里斯汀·迪奥出生的那一年父亲三十二岁，母亲二十六岁。在此之前，莫里斯夫妇已经有了一个叫雷蒙的男孩，克里斯汀·迪奥是这个家庭的次子，是迪奥家族不被重视的一个小孩。从外形上看，克里斯汀和哥哥一点儿都不像，哥哥雷蒙宽背方额，长得非常强壮，而小克里斯汀骨骼很小，看上去很瘦弱，有一双非常亮的眼睛。哥哥雷蒙继承了爸爸很多特征，看起来更像一个诺曼人，而克里斯汀体型较小，面相清秀，有着一张瓜子形的脸庞和一双炯炯有神的眼睛，似乎继承了更多妈妈的特征。迪奥出生四年后，家里多了一个妹妹，第五年，又多了一个弟弟。迪奥家族有一张珍贵的照片就是迪奥站在弟弟身边，瘦削的迪奥看起来都还没有弟弟那么强壮。那时候的迪奥看起来更像一个小女孩，很多人都说他和1917年出生的最小的妹妹姬奈特很像。

迪奥的曾祖父生意经营得非常好，是一个事业有成的商人，主要的生意是生产和销售化肥，他的祖父路易·让·迪奥也是一个经营此项生意的人，他做过小镇的镇长，也出租过土地，生活还算殷实。1832年，路易·让·迪奥在格朗维尔镇外的一块开阔地上建起了一家化肥厂，由此开始了迪奥家从事肥料生意的历史。等到莫里斯·迪奥成年之后，家族的生意就被他和他的堂弟吕西安·迪奥接管了。毋庸置疑的是，吕西安·迪奥和莫里斯·迪奥两人要比他们的父辈们更善于经营和管理。到了1905年克里斯汀·迪奥出生的时候，两个人已经将公司的资本增至一百五十万法郎。

吕西安·迪奥是迪奥家族中最为著名的人物，也是这个家族中做得最好的人。出生于1867年的吕西安毕业于一所在法国享有盛誉的理工大学，毕业后就同莫里斯两人一起经营家族的生意，并且凭借自身出色的管理才能和商业头脑将家族生意做成了全法国第一。名声日益显赫的吕西安越来越不满足只做一个商人，事实上，从政一直是他的愿望。

吕西安·迪奥为了达成自己的理想不断努力，孜孜不倦地在从政的道路上奋力前行。皇天不负苦心人，在1905年，已经三十八岁的吕西安终于成为了阿夫朗什地区保守派的全国联盟候选人，进而当选为国会议员，并在几年后成为法兰西第三共和国内阁的贸易部长，这也是迪奥家族中做官做得最高的职位。

莫里斯·迪奥为了让他的妻子感到快乐，把家搬到了一个乡村别墅，那里叫做"罗经点"。迪奥童年的时候也是他父亲生意最红火的时候，他就是在这样一个家族、这样一个远离很多人群的地方成长起来的。小的时候，表姐妹们就觉得克里斯汀与众不同，他不喜欢竞争，总是那样沉静，与世无争。

迪奥夫人是个严厉的母亲，她看上去总是那样的不容易靠近，那时的整个法国都是这样的风气。20世纪初的法国正处于维多利亚风潮的影响之下，极其崇尚道德修养和谦虚礼貌，特别是在家庭教育方面。迪奥家的女孩子要比男孩受到更多的限制，直到后来，克里斯汀·迪奥最小的妹妹姬奈特都能清楚地记得母亲是如何"对待我们女孩比男孩更严格"。

也许是小克里斯汀天生就具有艺术家的气质，他的骨子里喜欢那种自然和温暖的气息，他不喜欢这种家庭氛围，和父亲沟通不多，因为父亲关注得最多的就是让他的孩子们怎么获取知识，如何去学习艺术。他很聪明，从小就喜欢浪漫，所以不经意间得到了母亲很多的宠爱。聪明的小克里斯汀·迪奥能够记住母亲所喜爱的花的名字，另外他还能善解人意地了解到母亲在房屋装饰和植物种植方面的偏爱，并在这些方面表现出自己学习插花的天赋，甚至为了母亲去学习读很多园艺方面的书。虽然母亲同样对他不假辞色，但是母爱是一种很微妙的东西，其他的兄弟姐妹都能够体味到他才是"母亲的宠儿"。

可是，他还是不快乐的。后来在克里斯汀写的回忆录里，他这样写道：我的早年生活是一个很有规矩、很有教养的小男孩的生活，由一系列的保姆和家庭教师监督着。换句话说，完全不能在生活中找到自己的方式。

小迪奥的母亲一直都认为管教孩子就应该像管理她的那些园艺一样，需要的是规则。那时候正是维多利亚时代，所以很多人认为管教孩子就应该严格，严格就是规范。虽然表面上他是妈妈喜欢的孩子，可是他知道想要真正走进母亲的心里绝非易事。

克里斯汀小时候的生活过得非常地舒适，无忧无虑，母亲总是把生活布置得井井有条。他们住在富人区的漂亮房子里，可以经常到林中散步，到海边冥想。克里斯汀在念书的时候认识了很多朋友，这些朋友在他的青年时代给过他很多的帮助。除了少了些温情，小克里斯汀算是命运的宠儿，生活的环境决定了他的优越性。

克里斯汀·迪奥最喜欢的地方就是海边，他总是到那里去幻想，去寻找心底的那片蓝。他知道妈妈喜欢的是什么，就像他理解爸爸为什么总是希望这几个孩子学习那么多知识一样。他知道母亲就是想附庸风雅，事实上，他的母亲只是拿出很多的钱来满足自己的虚荣心而已。可是，克里斯汀还是很爱这个家庭，在他的心目中，什么都无法替代他对家庭的眷恋之情。

克里斯汀最喜欢的人就是外婆，他和外婆的感情非常好，外婆是一个情商很高的人，她早就看出克里斯汀和其他孩子不一样：雷蒙喜欢和别人争斗；雅克琳像个假小子；贝尔纳温柔得像只小羊，性格内向。只有克里斯汀活泼可爱、多情温柔，好像对什么都感兴趣，而且是一个想象力丰富的孩子。

外婆是在卖了她在安热的家以后搬过来住的，她随身带来了一套非常漂亮的拿破仑三世时代的家具，这些家具是克里斯汀的最爱。小克里斯汀最喜欢的就是坐在椅子上听外婆高谈阔论。虽然外婆没有去过其他国家，但是她讲的其他国家的事却娓娓动听，让人印象深刻。外婆对克里斯汀的影响非常深，她是一个讲原则的人，也非常有主见，可以对时事政治进行点评，每天还喜欢读报纸，对于这个她偏爱的孩子也呵护备至。

克里斯汀非常喜欢这个小镇，尤其喜欢海边的美丽景色，这里的海边时光是他最喜欢的时光，他喜欢独处，喜欢默默地享受着大海带给他的震撼和冲击。他们家的房子就在悬崖顶的边上，俯瞰就是大海，这样的环境不是每一个孩子都能体会的。迪奥夫人在周围还建造了一座花园，有一排排的松树，那儿就是小迪奥流连最多的地方，他和那些小树一起慢慢地长大。

2. 最爱狂欢节

很多成功人士的天赋都是在小时候就已经表现得淋漓尽致，或者说小时候就已经表现出异于常人的特长，因为痴迷所以专注，因为有了梦想，所以不懈努力。

莫里斯·迪奥一家人生活得幸福而快乐，全家在克莉里斯·迪奥出生之后搬到了格朗维尔的乡村别墅。漂亮的格朗维尔为家人提供了一个风景宜人的生活环境，这里距离迪奥家的工厂也很近，离市中心较远。他们一家居住的地方是在悬崖顶部边缘的一所大房子里，可以俯瞰大海，居住环境非常舒适。迪奥一家为这个新的住处起了一个很具有象征意味的名字——罗经点，因为这房子的外观酷似指引方向的罗盘上那些菱形的罗经点。他的家是一个两层的小楼，楼上楼下布局合理，有舒适的卧室和华丽的客厅。刚刚搬来的时候，这里植物稀少，非常荒凉，经过迪奥夫人的妙手，周围很快就变成了一个小花园，增加了温馨浪漫的气息。

迪奥非常喜欢这里，那一排排小松树很快成为了小克里斯汀的藏身地。他是一个非常喜欢读书的孩子，有丰富的想象力，所以那些故事就是他的精神支柱，每一个故事都在小迪奥的脑子里生成了一幅画面。

在这样一个家教森严的家庭里，孩子的特殊才能都已经被掩盖了。家长们更希望孩子可以按照大人安排的轨迹去学习、去生活，用他们的成绩和是否学习艺术课来评价他们，忽略了孩子真正的爱好。但小迪奥是幸运的，因为外婆懂他，外婆很早就发现小迪奥和其他兄弟姐妹的不同。迪奥不像哥哥那样喜欢威猛的游戏，他更喜欢专心地去做一件事，喜欢看书、画画，尤其喜欢组合和搭配，宁静得像个大人。

格朗维尔拥有绝佳的地理位置，是从法国到纽芬兰的必经之路，港口会有各种各样的船只和各色人种，码头上的商人、旅者、小贩、孩童……各种各样的人群共同把这样一个小地方发展成为生机勃勃的城市。狂欢节是格朗维尔最热闹的日子，也是克里斯汀·迪奥最喜欢的日子。有人说格朗维尔的狂欢节起源于即将前往纽芬兰捕鱼的船员和无数冒着生命危险往来于各大洲之间的贸易商人。格朗维尔的狂欢节比法国还要热闹，早在很多年前，格朗维尔有很多船员会经常出海，海难、疾病都在困扰着这些常年漂泊在海上的人，所以回归后的狂欢显得格外隆重，男女老少共同庆祝这种劫后余生的快乐。

狂欢节上的克里斯汀简直就是一个小艺术家，他有很多的灵感，为期四天的狂欢节发挥了小迪奥的所有想象力。他还记得自己第一次参加狂欢节庆祝时候的场景，那时候他还只是一个三岁大的孩子，穿着漂亮的水手服，搭配白色的小帽和彩带，拉着哥哥雷蒙的手在格朗维尔的街道上飞快地奔跑，仿佛是一道美丽的风景线。身后还有一些出身良好家庭的女孩子们欢呼着，那是多么美妙的狂欢节啊！每个人都笑着、闹着，到处都是装饰物和鲜花。迪奥跟在大人身后去找寻狂欢节上最特别的"狂欢节之王"，站在那里看每一个人的装束，有漂亮的白雪公主、有海盗、有英俊的王子，还有很多异国情调的没有见过的装扮。有渔夫、有恶魔，光怪陆离，每一个都像是一个故事，从那时候开始，小迪奥就迷上了狂欢节。

格朗维尔有一个传统，就是人们在狂欢节这一天会穿上自己认为稀奇古怪的服装，打扮得引人注目，那些可爱的孩子们则围在大人身边跳来跳去。随着年龄的增长，小迪奥不再是那个在狂欢节上疯跑的小孩，可是他依旧喜欢狂欢节上各种稀奇古怪的形象，仿佛是图画书上的角色来到了现实中，这一切都让他着迷。

传统的节日装束是头顶花帽、脸涂油彩、肩披羽巾、手执花伞、脚蹬丝袜。全城的人在乐队的带领下，从一个城镇连唱带跳地转到另一个城镇。小迪奥站在那里看着、笑着，有时候一站就是几个小时，非常专注。他喜欢这些从图画书中走出来的角色，眼里都是衣着华丽的王子和公主，那些风格各异的服饰吸引了小迪奥，虽然他还只是一个小孩子，但是却对那些服饰和色彩非常敏感。每次狂欢会结束后，克里斯汀·迪奥都会在他的画画本上勾勒出让他印象最深的人物和装饰。他还会躺在床上回忆起那些画面，偶尔也会在那些空白纸上描绘出自己的梦想，不同的人物、不同的装饰，他多希望有一天在狂欢节上的人群穿的是他设计的服饰，每一个人因为他的符合自身特点的着装而笑逐颜开。

就是这样的一个节日给克里斯汀·迪奥埋下了梦想的种子，让他开始了对艺术和服装的追求，让我们直到今天也还可以领略到迪奥这个时尚品牌。

3. 忧郁的小设计师

再美好的活动都会有结束之时，就像是美丽的烟花，即使它曾经有多么灿烂的绽放，瞬间的定格之后就归于平静。格朗维尔的狂欢节结束了，生活又回到了原来的喧嚣、忙碌。

小迪奥的生活还是老样子。比如，站在海边，看着波涛汹涌的海浪，看着飞来飞去自由的海鸥，看着夕阳落下时，美丽的海湾披上了一层温柔的金黄色，就像是油画中层层叠叠的颜色，让人心驰神往；又比如，他还是喜欢看着那些已经渐渐长大的小松树，那种生命的绿色让他画板上的颜色都有了不一样的活力。除此之外，小迪奥更多的时间是和外婆在一起，因为外婆给他讲述的世界是新鲜独特的。这个慈祥的老人一生信奉着命理、风水以及占星术，这也对小迪奥产生了深远的影响，他这一生也对命理学和占星术深信不疑。

外婆就像是一幅世界地图，为小迪奥打开了一扇视野的大门。在小迪奥的印象里，外婆好像从来都没有出过门，但是她却为小迪奥讲述了许多国家的风土人情、历史典故。这些都让小迪奥如痴如醉，他还在自己的画板上画下了那些故事，大块的色彩对比很有一些毕加索画作的神韵，外婆看了也是连连称奇。

日子就这样不紧不慢地过着。海风轻轻拂过这个宁静的小城，船只在海面上缓缓地航行；渔网上还带着晶莹的水珠，在微风和阳光里变得绚烂夺目；船桅的棱角向着大海的前方，似乎永远都不会落下那前进的帆；海滨大道上，三三两两的行人迈着慵懒的步子，享受着惬意的周末；海边的民宅都藏在郁郁葱葱的树木丛里，若隐若现；街道上，相熟的人在亲切地打着招呼；凉棚下的桌椅在静静地等待着客人的到来……这不是宁静的小城，而是一幅流动的朦胧画。

小迪奥家里还像往常一样。女仆们在房子里忙碌；迪奥夫人摆弄着她的花草，庭院里的树木变得更加繁盛，她优雅地指点着仆人们收拾这座大房子；孩子们在母亲的监督下做着各自的功课。

迪奥夫人如此专注于花草和装饰，无非就是为了弥补丈夫所做的化肥生意的那种粗糙。在她看来，丈夫的生意虽然十分成功，但却不是一种高雅的表现，她想用这样的高雅来"掩饰"一下自家不高雅的化肥生意。她时常出入各种各样的上流人士聚会，这样她才会觉得自己是不与世俗为伍的。

偶尔，孩子们会趁着迪奥夫人不注意的时候，小小地疯闹一下。哥哥雷蒙总是会对小迪奥恶作剧：把他推入大衣柜；大声地讲述小迪奥害怕的鬼故事；藏起小迪奥的书本或者画板……这些都是小孩子之间的玩笑做法，小迪奥也并没有认真地对哥哥生气。不过，习惯了沉默的他，还是不能很好地加入到孩子们疯闹的行列中去。

开心玩乐的时刻没有持续很久，迪奥夫人就会让孩子们回到繁重的功课里。那些传统的科目——数学、语言、音乐……这些都不是小迪奥感兴趣的，它们枯燥乏味，根本就没有美丽的线条和颜色。当小迪奥坐在钢琴前机械地按下琴键时，他脑海中浮现的更多的是狂欢节上的颜色和人们的表情。枯燥的现实与美丽的回忆形成对比，小迪奥的心再也不能待在原地了。

炎热的夏日结束了，那些跟随夏天来到这里的游客又跟着夏天的脚步走了，餐厅、旅馆、广场，空荡荡的好像是褪色之后的油画，都在记忆中远去了。随之而来的秋天，似乎让小迪奥也变得有些多愁善感起来，他更愿意在窗前看着外面的大雨，闷闷的雷声在天边回响，狂风乌云和海浪卷在一起，分不清哪里是海岸，哪里是小城，一切都在大自然的掌心里，轰隆隆地经受着这天地之间的洗礼。小迪奥不害怕这样的场景，他喜欢伸出手掌去感受那暴风雨带来的清凉和震撼，他喜欢这样的压抑想要得到释放的气氛，那样浓烈的自然色彩是画笔无法描绘出来的。

1910年，正是莫里斯·迪奥的生意红火的时候，为了照顾生意，他决定带全家搬到巴黎的阿尔贝里克·马格纳大街的一套公寓中，因为他们公司的行政部门在雅典娜大街刚刚设立。新家与幕特区相邻，旁边就是煊赫一时的布洛涅森林公园，而在格朗维尔的旧房子就变成了度假休闲的去处。

巴黎是一座美丽而梦幻的城市，这里就是艺术的天堂。塞纳河畔翁翁郁郁的梧桐树，凯旋门上的浮雕和纹饰，枫丹白露宫的奢华，巴黎圣母院的哥特式风格……街道上的汽车缓缓地驶过，戴着巨大的羽毛纱帽的女士们挽着充满绅士风度的先生们，店铺的牌匾上闪烁的霓虹灯，还有那浓浓的咖啡香气，这些都是宁静的格朗维尔所不曾拥有的都市繁华。正如里尔克曾说过的："巴黎是一座无与伦比的城市。"

小迪奥在几天之内就熟悉并爱上了巴黎的新家，这座大城市中的一切都比书中的世界要有趣得多：大大的客厅里铺着柔软的有着漂亮花纹的地毯；壁橱里高贵的水晶杯的形状；那些优雅的瓷塑人像的表情；还有鎏金家具上的花纹和原木的纹理，这些细小入微的图案都让小迪奥痴迷不已。

迪奥夫人感受到了巴黎的时尚，她想把新家也装饰成时尚的风格。她热衷于翻看有关家居设计方面的书籍和样式，买来了很多的装饰品和家具，如墙上的青铜灯座、有着原始木纹的餐桌、绣花布料罩着的沙发等。莫里斯·迪奥先生还在朋友的建议下买了一幅勒比西埃的名画以及一些精美的艺术品，那些摆设的线条和风格和谐地组合在一起，每一样都有其独特的精致和美丽，迪奥夫人称呼这样的装饰为"路易十六式的风格"。她还热衷于将房屋前的空地变成树木葱茏、花草繁茂的小花园，她对美丽事物的追求和激情，就像丈夫对事业的追求一样狂热。

在巴黎，吕西安·迪奥和莫里斯·迪奥把化肥厂的规模扩大，最后变成了股份有限公司，还为它命名为"迪奥父子公司"。改制后的公司在市场上变得更具有竞争性和代表性，吕西安和莫里斯成为公司的董事长，他们带领着员工开发出新的产品，其中以"圣马丁"品牌的系列洗涤产品最具代表性。而且，这两兄弟还将分公司开到了法国西北部布列塔尼地区的朗德尔诺、雷恩和圣马克等地。到了1923年，迪奥父子公司的股票上市，这让公司的总资产从原有的四百多万法郎一下子又翻了好几倍。

尽管迪奥家族的事业蒸蒸日上，但是小迪奥对这样庞大的家族事业全然没有兴趣。他搞不懂那些冰冷的机器为什么在工作时会发出如此大的噪音，他也不想知道海边的那些有着长长桅杆的船只又从海洋的另一边拉回了什么原料，他甚至对父亲的事业产生了一种无以名状的厌恶。迪奥在自己的回忆录中写道：这无疑是我极度讨厌机器的缘由，使我下定决心不去办公室或任何那一类地方工作。

由于莫里斯几乎将全部精力都投在了事业上，他对家庭有了习惯性的疏忽，或许这也是小迪奥不喜欢父亲事业的一个原因。但是，与哥哥雷蒙总是跟父亲激烈地争吵不同，小迪奥从来都不会表现出逆反父母的情绪，他从小就有一种柔顺的性格，他不去争，也不会与父母较劲。他尊重父母，但是这种尊重也意味着划出了一个距离，是他与父母之间疏远的距离。莫里斯夫妇对待自己的孩子就像是摆弄那些毫无生气的瓷娃娃一样，他们以为只要自己规划好孩子们的道路，那么孩子的未来就毫无悬念地都是辉煌和功成名就的。父母与孩子们完全生活在两条轨道上，他们之间的沟通出了一点问题，父母以为给予孩子们严厉的家庭就算是万事大吉。尽管小迪奥的学习能力和沉着的性格总是能够得到夸奖，但是这些都不是他想要的。

教育也许达到了效果，却也出现了更为严重的问题：这样淡漠的亲情，让小迪奥陷入了完全找不到自我生活方式的压抑中。

在家里，小迪奥同母亲一样喜欢园艺，喜欢去琢磨那些美丽的花纹图案，他与母亲的接触会相对多一些。但是，他对于父亲从来都是敬而远之，因为严厉的父亲从来不会懂得小迪奥的心思，不知道小迪奥真正想要的是什么。父亲只关心公司的大小事项，他没有时间来与小迪奥讨论壁橱上的那些图案有什么不同。哥哥雷蒙也对于小迪奥的爱好有些难以理解，与小迪奥的兴趣相比，雷蒙更喜欢祖父客厅里悬挂着的那两把骑士剑。

不过，小迪奥并没有太过于为没有知音而苦恼，一方面他有外婆；另一方面，他开始动手将自己想象中的图案变成现实。在格朗维尔的时光，狂欢节是他最美好的回忆，那时候的记忆变成了现在的素材，他感受到灵感在他的脑海里变得越来越生动，他拿起画板，画出一幅又一幅的服装构想。一开始，他画出的还是故事书中的人物形象，渐渐地，他将自己的想法加入到设计构想中，当这些图案绽放在纸上的时候，小迪奥觉得，那都是他心中美丽的精灵。所以，小迪奥总是随身带着一个笔记本，他需要把自己的灵感随时随地地记录下来。

随着笔记本上的设计构想越来越多，小迪奥已经不满足于只能在纸上看着这些美丽的线条了，他急切地想要用柔软的布料来迎合那些线条。他不懂得缝纫的技术，也找不到那么多可以剪裁的布料。

那些笔记本上的灵感还不能立刻变成生动的样板。

梦想已经结了一个花蕾，只要有充足的阳光和水分，早晚有一天，它就能够绽放出美丽的容颜。

4. 流放岁月

巴黎是一座梦想的城市，即使是在那个古老的年代，这里的一切也都是梦幻而且绚丽的。

童年的梦想可能会充满雄心壮志，对于每一个拥有童年的人来说，那种梦想一直都是最美好的回忆。毕竟，不是每一个人都会一直坚持着自己从童年就有的梦想。

在格朗维尔的童年是克里斯汀·迪奥最惬意的时光，到了巴黎之后，他开始着手实现自己的梦想，用自己的思维去创造。

克里斯汀·迪奥苦于没有裁剪的手艺和材料，他只能一遍又一遍地看着自己的作品凝固在纸上，没有一丝的生气。他愁眉苦脸地去找外婆倾诉，慈祥的外婆笑意盈盈地看着他，她知道，是该为这个沉默温柔的少年做一些力所能及的事情了。

外婆找到了家里的女裁缝师朱丽叶，向她讲述了克里斯汀·迪奥的苦恼。朱丽叶虽然很惊诧于这个小男孩的梦想，但她还是很乐意帮助自己的小主人。

于是，在外婆的帮助下，克里斯汀·迪奥和朱丽叶在家里的三楼设立了一间小小的工作室。屋子里的颜色被涂成了亚麻色，小小的窗子打开，微风吹拂着案板上的样纸和布料，物品摆放得整齐有序，就在这样的一间屋子里，他们展开了工作：克里斯汀·迪奥负责在本子上画出服装的细节设计；朱丽叶就负责将布料剪裁缝纫；

而外婆就是这些服装成品的鉴赏人。

梦想之花终于有了适合生长的条件，阳光照射到花蕾，一切都显现得如此不同。这个不到十岁的小男孩，他设计出来的线条确实有他那个年龄的稀奇古怪。在成熟的设计师眼里，这些似乎都没有什么价值，但是克里斯汀·迪奥的设计天分已经展现得淋漓尽致。

每当兄弟妹妹们需要穿衣打扮时，他们都会找到克里斯汀·迪奥，让他给他们出出主意，这时的克里斯汀·迪奥一定会放下手中的书本或者画笔，帮大家设计出一些意想不到的效果来。据说，克里斯汀·迪奥曾经用一件贝壳做成的上衣和一条椰树裙把妹妹姬奈特打扮成了海王神。甚至，当他需要一条花格呢布料来做吹风笛人的裙子时，因为找不到料子，他直接在一块布上画出了相同的花纹。他对服装的追求已经达到了狂热的程度，当其他同龄的孩子在玩着游戏的时候，克里斯汀·迪奥已经和朱丽叶在亚麻色的小屋子里做出了一件又一件的服装成品。

从1911年到1914年，除了学习和其他的一些活动，克里斯汀·迪奥一直都在为他的设计梦想努力着。闲暇的时间，克里斯汀·迪奥也会去附近的布洛涅森林公园转转，阳光晒在脸上，有一种温暖的新鲜感，湖里的石头圆滑平整，瀑布的水花冲击着岸边的软沙，一切都是像本地艺术家勒昂·卡雷的朦胧风景画。这是克里斯汀·迪奥童年时光里最惬意的一段日子，那时的他还不知道，一段颠沛流离的岁月即将开始……

1914年6月28日是一个晴朗的星期天。波斯尼亚首府萨拉热窝的街道上到处都是举着彩旗的人们，他们都在热情地欢迎着奥匈帝国的皇储弗兰茨·斐迪南携妻索菲亚来这里作特别访问。他以为他可以让妻子感受到别样的皇室待遇，但是他忘记了这块土地是六年前才吞并的，甚至这里的空气中已经充满了仇恨的味道。当浩浩荡荡的游行车队刚刚驶出市政厅的大门口时，先后飞来的两颗子弹穿过呼啸的人群，精准地打中了斐迪南的脖颈和索菲亚的腹部，两个人当场丧命。一个塞尔维亚青年让市政厅门前的彩旗和鲜花染上了温热的鲜血，他成为了塞尔维亚的民族英雄。而这一场混乱的刺杀直接引发了一场战争，第一次世界大战缓缓地拉开了序幕。

当战备的公告传遍全国时，莫里斯一家正在格朗维尔的别墅中度假。自从全家搬到巴黎之后，这还是第一次回到格朗维尔，这让克里斯汀·迪奥兴奋不已。格朗维尔对于年幼的克里斯汀·迪奥来说，是他最早的孤独情感的象征，他把它描写成狂风巨浪中的一座孤岛。这或许能让我们了解到，克里斯汀·迪奥一直渴望着能够有人懂得他的内心世界，这样他自己就不会变成一座孤岛。而回到了格朗维尔，似乎让他的心灵有了依靠、有了熟悉的感觉。

总动员令让正在消暑度假的莫里斯一家大吃一惊，为了安全起见，莫里斯决定全家都待在格朗维尔，远离德国的军队。事实证明，莫里斯的这个决定是正确的，当时的战火已经烧到了法国境内。一战爆发后，德军攻占了比利时全境，驱逐了在比利时境内的全部法军，并且一路进攻到了巴黎附近，还喊出了要占领巴黎全境的口号。但是德军的计谋并没有得逞，他们被大量的法军阻挡在巴黎以东的蒂埃里堡，双方的战斗在激烈地进行，美好安逸的生活一下子就变成了回忆。

战火虽然迫在眉睫，但格朗维尔受到的影响却不是很大，这里的人们依然沉稳地保持着战前的那种生活氛围，这并不代表这里的居民不热爱自己的祖国。相反，他们为了自己的祖国，也做出了足够的贡献和牺牲。处在战区附近的格朗维尔为军队提供了一切可能提供的资源和设备，大量的伤员源源不断地被送到格朗维尔的医院，很快，这里的医院就人满为患，人们又把饭店、夜总会、酒吧等所有的地方都腾出空间来接收伤员。格朗维尔的居民在为战争的前线提供着有力的后方支援，他们沉着冷静，丝毫没有畏惧战争的阴霾，这也许和他们从小就生活在海边有关。大海的天气变幻莫测，而勇敢的渔民从来都不会畏惧恶劣的天气，他们敢于直面海上的狂风暴雨，轰隆隆的海浪翻涌而来。敢于冒险的弄潮儿一定会扬起船桨，闯进那铺天盖地的惊涛骇浪，与大海英勇地搏斗一回。

这就是格朗维尔居民的精神，他们把这场战争看成是一场巨大的风浪，他们勇敢坚强去面对，然后尽自己最大的努力去迎面搏击。

男人们在战场上殊死搏斗保卫着家园，女人们也在战地的医院里忙碌着，这其中也包括迪奥夫人。她们都被临时培训成了护理人员，她们不仅仅要为伤员们处理伤口，还要承担着照顾老人和孩子们的重任。在那个战争年代，所有的人都贡献出了自己的一份力量。

战争越发地激烈，1914年9月，德军与法军在巴黎近郊马恩河至凡尔登一线爆发马恩河战役，由于法军的顽强抵抗，最终导致两败俱伤，德军退到安纳河，开始打阵地战。随后，德军与法军又爆发了奔向海边的运动战，法军惨败，德军夺取了法国东北部的领土。但由于战略有误，德军始终不能截断英法两国联盟的运输线，随后双方又爆发了佛兰德会战。

由于这一年的惨烈交战，法军伤亡惨重，士兵的数量急剧减少，特别是凡尔登一战之后，法德两国总共损失了一百多万的士兵。在这样的情况下，许许多多的年轻人踏上了输送士兵的火车，克里斯汀·迪奥的哥哥雷蒙刚满十八岁也参军去了。随后的战事更加激烈，雷蒙所属的部队也遭到了德军猛烈的进攻。在残酷的战场上，几乎每分每秒都有人在死亡，几乎所有的地方都被炮弹夷为了平地。到后来，所有的人都对这样的流血和牺牲麻木了，他们只是本能地要站起来往前冲，只有冲出去才会有活下去的希望。雷蒙也在跟着部队往前冲，但是最后整个部队只幸存了他一个人。这对于雷蒙来说，是一个巨大的精神创伤，一辈子都无法抹去。

这一切对于克里斯汀·迪奥来说，都是一个个黑色的认知。

也许孩子就是孩子，因为没有了大人的管束，克里斯汀·迪奥甚至觉得这一段时光有一些自由的意味，他一直为能够留在格朗维尔而高兴。尤其是在战争爆发之后，他可以拥有更多的时间来享受着童年的记忆带给他的惊喜，少了父母的监督和管理，他也有了更多的时间去按照自己的想法生活。这就是孩子，战争没有过多地染指他们的纯真和无忧无虑，责任和正义对于孩子们来说，也许还没有那些子弹壳拼成的玩具有趣。

沉默稳重的克里斯汀·迪奥当然不会随着孩子们去捡子弹壳，他观察着身边的女士，这是一件很有趣的事情。即使是在这样残酷的战争环境里，也不能阻挡那些女士们对于时尚的追求，她们依然会在照顾病人的空闲时间去讨论一些衣饰的花纹和图案。根据克里斯汀·迪奥的回忆，那时的女士们对于战争中的时尚追求是矛盾而自然的：

当她们在来自首都巴黎的一本时尚杂志上看到巴黎的女人现在都穿短裙和黑色、格子呢绒或青铜帮的"飞行靴"，鞋带一直绑到膝盖时，她们无一例外地非常愤怒并表示反对。但是当《晚间邮报》到来的时候，她们都迫不及待地订购了靴子和短裙。

这也许是我们这个时代不能理解的一种行为，在那样一片满目狼藉的形势下，这些女人还对衣着有着如此高的敏感度，这也许太不可思议了。但我们似乎又可以懂得女人对于时尚的那种狂热，这也许就像是一个古董商对于古文物收藏的追求，无论是在什么样的情况下，都有着一种近乎神经质的痴迷。

克里斯汀·迪奥还认真地分析了这些女士的这种行为和心理。在那样的一个环境里，人们会用精神转移法来安慰自己的惊慌心情，这不但不是一种不可思议，反而应该是一种理所应当的行为。就像是克里斯汀·迪奥一样，他对那段黑色的战争岁月不愿回忆更多，他宁愿去想这几年在格朗维尔看到的自由和无忧无虑。

战争就是这样的残酷，不给人一丝机会去留有希望。从战争一开始就没有了希望。人们必须在绝境里给自己带来生机。

1918年11月，持续了四年的战火终于在同盟国集团签下了条约的那一刻平息了。但是，这一场战争留下的伤痕还远远没有被抚平。那些死去的灵魂、那些流离失所的百姓、那些战火烧过之后留下的残垣断壁，无一不在痛斥着这一场波及全世界并夺走几千万人生命的残酷战争。

随着战争的结束，莫里斯·迪奥一家又重新回到了巴黎。迪奥夫人将这四年的生活称为"流放"，这一段岁月确实是人们生命中的流放，不仅仅是身体上的，还有精神上的。一件事情有开始就会有结束，一个噩梦不会永远都在，梦总归是要醒来的。

　　巴黎的一切显得是那么熟悉，又那么陌生。对克里斯汀·迪奥来说，重新认识这个城市，就等于重新爱上了这个城市。

5. "屋顶之牛"酒吧

　　战争之后的巴黎，好像是疯狂的欢乐场。法兰西帝国经过四年艰苦卓绝的斗争，终于打败了那些狂傲的侵略者，这样的胜利需要用狂欢来庆祝，这样的胜利需要用欢笑声来驱逐曾经留在法兰西帝国上空的阴霾。

　　街道上满是庆祝的人，他们载歌载舞，彻夜狂欢。不论男女老少，只要看见一位士兵，他们就会上前拥抱、亲吻，向这些保卫家园的士兵表示崇敬之情。烟花几乎是彻夜在绽放着，那些文娱场所二十四小时开放着，电影院和剧院的文艺节目轮番上演，不论上演什么节目都会人满为患。这样的庆祝让所有的人都开怀畅饮，夜夜笙歌。

　　莫里斯·迪奥一家也在为劫后余生而庆祝。克里斯汀·迪奥已经十三岁了，过去四年的痛苦记忆似乎并没有给克里斯汀·迪奥留下太多的印象，但是他惊讶地发现，自己的人生观和价值观都有了变化。四年之前，克里斯汀·迪奥看到的巴黎是色彩鲜艳的：橱窗中的人偶和那些彩色的橡皮糖，街道上闪烁的霓虹灯和电影中搞笑的片段，这些都是四年前克里斯汀·迪奥眼中的彩色世界。现在的克里斯汀·迪奥更多地关注起与现实有关的事物，比如街边流浪者的吉他，从莫斯科来的芭蕾舞团以及电影中那些女主角的服饰和发型，还有那些总是在广场上支起画板认真工作的流浪画家。

战争爆发后，莫里斯的生意受到了很大的影响，但是战争结束之后，莫里斯·迪奥和吕西安·迪奥的公司又重新运转了起来，而且公司的规模比战争之前又扩大了一倍。莫里斯·迪奥觉得好像生意从未有过的红火，随着他身价倍增，再加上姬奈特的出生，全家人又换了一所更大的公寓——路易·大卫街9号。

这所房子明显比原来的公寓更加宽敞明亮，迪奥夫人又开始着手对房子的装饰了。当时巴黎流行的样式是蒲团和屏风，这两样平常的事物却有着非常极端的色彩。迪奥夫人不喜欢这样的装扮，她重新选购了花色艳丽的绸缎帘幔和带有雕刻花纹的门窗，还有几幅新古典主义者维恩的学生大卫的画作。这所大房子好像彻底变成了18世纪的"城堡"，全家人在这里生活，到了节假日的时候还会有聚会，围着围裙的女仆们帮助主人打点着家中的杂务。迪奥夫人时常会出门参加一些上流社会的聚会，但是孩子们依然要温习功课、学习礼仪。这样的生活一直到莫里斯的公司破产，当然，那是十几年之后的事情了。

战争改变了许多人和事情，包括克里斯汀·迪奥的生活和习惯。回到了巴黎，克里斯汀·迪奥要面对的是全新的世界，他要读高中，还要参加毕业会考，这样的生活似乎不是他所希冀的。表面上，克里斯汀·迪奥顺从着父母的意愿，表现出了对学习全神贯注的样子，私底下他烦透了那些枯燥乏味的课程，可长期刻板的家庭教育模式已经让他养成了沉默的习惯。

让·贝朗和贝尔·萨金顿是克里斯汀·迪奥最好的两个朋友。这两位朋友也是出生在巴黎比较有地位的家庭里，他们也同样经受着与克里斯汀·迪奥一样的"权威"家庭教育，但他们对音乐、雕塑、绘画方面都有着很深的体会。在成长环境相似的情况下，三个都处在反叛年龄的少年自然而然地有了共同的话题，他们讨论着艺术家的性格和作品，也质疑那些权威的真实性，他们对长辈们的束缚和限制产生不屑。他们对于长辈和老师口中的"禁止""不许"产生了极大的反感，处于青春期的他们开始悄悄地探寻着那些被禁止的刺激的场所，他们以这样的方式作为被限制自由后的最大乐趣，一个新鲜有趣的去处出现了。用克里斯汀·迪奥的话说就是："我们兴奋莫名地去探索这个新颖的、富有发明创造力的巴黎的每一个角落，我们发现在巴黎这个大都市中有着一切真正让人新奇的东西。"

当我们翻开20世纪四五十年代的法国艺术家们的历史时，我们会看到一件有趣的事情：无论是音乐家让·科可托、作家莫里斯·萨克斯，还是画家克里斯汀·布拉德，在他们的青少年时期，他们都会无一例外地提到一个名为"屋顶之牛"的酒吧。

这个酒吧的名字来源很有趣，据说就是一个故事直接激发了音乐家让·科可托的灵感，他把这个灵感用在了这家酒吧的名字上。让·科可托在讲述这个故事的时候，正坐在高脚凳上喝着杯里的鸡尾酒。

故事是这样的：据说在巴黎有一位古怪的先生，他非常喜欢小动物，他就在自己家的阳台上豢养了很多的鸟类以及猫狗一类的小动物。但是，由于这位先生居住在繁华的闹市区，时间一长，这些动物们身上的味道已经变得很不好闻了，再加上动物排泄的粪便十分可观，这些气味混合在一起，就像是一颗毒气弹向四周源源不断地散发着。周围的邻居对此怨声载道，他们一气之下就将这位古怪的先生告上了法庭，理由就是妨碍居民的正常生活。

但是，当时的巴黎想要办理法律手续是十分缓慢的，古怪先生早就想到了这一点，他干脆又买了一头小牛犊放到自家的阳台上豢养。等到官司打完，已经是几年之后了。古怪先生不出所料地败诉了，法庭勒令古怪先生尽快地处理那些小动物，将它们搬迁到别的地方。古怪先生就请法院里的工作人员来他的家里帮助他，等到工作人员到了古怪先生的家中查看情况时，他们惊呆了，因为古怪先生的家中有一头巨大的牛。这头牛实在是太大了，而房间的门又过于狭窄，他们根本不能把这头牛牵出去。

故事到这里就戛然而止了，我们都能想象得到当时那些人看到这头牛的滑稽表情，这样的故事确实具有传奇性和想象的空间。

其实，关于"屋顶之牛"酒吧，不同的人有不同的记述，但无疑"屋顶之牛"给每个人留下了难忘的回忆。这里名流云集，阿拉贡、布勒东、毕加索、纪德、克洛代尔……每个常客都是"牛人"，那里的爵士曲也是很牛的。而且这家酒吧的一夜成名也是非常有趣的：当时已经声名显赫的音乐家让·科可托来到这里听钢琴家让·魏纳演奏，为了配合魏纳的演奏，让·科可托还专门从作曲家斯特拉文斯基那里借来了一套鼓，两个人就这样演奏了起来，所有的朋友和观众都在为他们的演奏叫好，当天酒吧里就高朋满座了。第二天，更多的名流来到这里，比如威尔士亲王、缪拉公主，还有俄罗斯芭蕾舞团的成员以及当时社会上的一些知名人士，大家聚在这里，愉快地畅谈着艺术。很快，声名大振的"屋顶之牛"旧址就满足不了这些兴致高昂的朋友了，这家著名的酒吧就被搬迁到了布瓦西·安格拉街，那里的场地既宽敞又明亮。

"巴黎屋顶上的这头牛像航标一样指引着人们无忧无虑、自由自在地生活。"这是一位去过"屋顶之牛"的客人对它的描述。的确，就是在"屋顶之牛"这样牛的氛围里，巴黎的艺术家们也步入了黄金时代：达达主义、超现实主义、立体主义。一个主义接着一个主义，布尔乔亚的投资热情使艺术品市场十分火爆，当代艺术家的作品卖出了天文数字。就如同这家酒吧的投资者之一莫里斯·萨克斯所说的那样：

"在当时的法国社会，它起着为当时的年轻人进行艺术教育的基本作用。事实上，它是在一夜之间成功的，在那天之前它就和所有的小酒吧一样默默无名，但是那一夜之后它的名声响彻了整个巴黎的上流社会。"

克里斯汀·迪奥和让·贝朗、贝尔·萨金顿三人也在这里度过了一段美妙而愉快的时光。而且，他们还去了更多低俗的酒吧和廉价的小酒馆，在他们那个年龄，这样的地方是十分具有吸引力的。

事实上，巴黎的蒙蒂尔街区是以那些低俗的酒吧和舞厅而著名的。每当夜幕降临，粉红色的霓虹灯就准时地亮了起来，那些美丽的舞娘就站在酒吧的门口，向来往的行人妖媚地调笑着。这就是老板们向顾客招揽生意的一种手段，因为这些美丽的女郎让人产生了无限的向往。

当然，这样的地方是不允许少年进入的，但是这三个少年让金钱变成了无往不胜的通行证，这样的新奇世界绝对是这几个少年在以往的成长环境中无法感受到的。看着那些名流在酒吧里愉快地交流各自对艺术的见解，克里斯汀·迪奥的心也随之而欢欣鼓舞，这些人说的话比书本上的条条框框要生动有趣得多，这直接影响了他在以后艺术创作中的思维。每当回忆起这段时光，克里斯汀·迪奥都要神色愉快地讲述一下自己的感受：

"那个时候我和莫里斯·萨克斯坐在酒吧的高脚凳上，酒吧的吧台又长又宽，十多个同我们年龄相仿的年轻人嘻嘻哈哈地坐在旁边，小口地啜饮或者大口地灌着酒吧提供的一种酒精度数很低的饮料。每当狂欢要开始的时候，我们就瞪大眼睛看着陆续从酒吧门口走进来的人。那几乎都是活跃于巴黎上流社会中的名流，甚至有一次路经巴黎的威尔士亲王也驾临到了'屋顶之牛'。你一定无法想象当亚瑟·鲁宾斯坦到来的时候，整个酒吧中那种轰动的气氛，他真的无愧于最伟大的钢琴家的称号，娴熟的手法与令人眼花缭乱的技术令每一个有幸见到他表演的观众都叹为观止。"

在1920年，克里斯汀·迪奥将大部分时间消耗在了"屋顶之牛"。这里可以说是他艺术创作的一个里程碑式的阶段，他在这里结识了很多的朋友，比如画家克里斯汀·布拉德、诗人兼画家马克思·雅各、作家热内·克雷韦尔，这些都是在艺术创作上有着极高造诣的人。同时，他还认识了演员马塞尔·赫兰和历史学家皮埃尔·加索特。他们像其他的艺术家一样，从绘画、雕塑、音乐、舞蹈、演技等方面来谈论艺术或者创作，他们也谈论女人、美酒、名画、珠宝，他们会辩论也会恶作剧地开玩笑，会高谈阔论也会苦思冥想。这里就是自由的"屋顶之牛"，是一群不愿被现实束缚的"自由主义者"理想的花园。

这一段"屋顶之牛"的时光，是克里斯汀·迪奥整个少年时期最为悠闲快乐的时光。因为，这时的他还不用为金钱和事业而发愁，这样不需为生计而奔波的少年时光，是每一个少年都愿意回味的。

放荡不羁的克里斯汀·迪奥在外面过着潇洒的生活，但是在父母的面前，他还是那个顺从的乖孩子。与自己的两位朋友稍微不同的是，战争之后，克里斯汀·迪奥的父母对他的教育就变成了一种轻松的模式，父母开始不再刻意地安排儿子的生活。也许是因为克里斯汀·迪奥在父母面前表现得极为乖巧，也许是因为他终日沉默寡言让父母觉得心有愧疚，不管怎样，父母对他采取了不多加管束的态度。但是迪奥夫妇也许没有想到，这个看似乖顺的儿子已经在外面过着相当叛逆的生活，他们也根本想象不到儿子在外面结交的都是一些"让人难以接受"的朋友。

事实上，在那个时代的巴黎，到处都有充满着诱惑的场所，青春期的少年被吸引也实属正常。不管怎么样，克里斯汀·迪奥正在努力地探寻着他的兴趣所在，他觉得自己已经完全被巴黎培养成为了一个具有艺术家气质的人。接下来，只需要一点点时机，他就能够站上艺术的舞台，尽情地挥洒着他的创意和想法……

第二章　曲折的梦想之路

1. 纨绔子弟的不懈追求

"生活没有目标，就像是航海没有指针。"法国作家大仲马说的这句话似乎可以很好地阐释人生与梦想的关系。

但是，梦想有的时候就像是一艘船，当你一切准备就绪的时候，却发现人生的大海上没有可以扬帆起航的风浪。于是，梦想这艘船就不能开始航行。

克里斯汀·迪奥的梦想之船就遇到了这样的窘境。

尽管年少的克里斯汀·迪奥受到了那么多的诱惑，但是他依然在1923年的夏天顺利地拿到了毕业证书。即使他不是全学校里最优秀的毕业生，但毕业证书的颁发让并不在意这些的克里斯汀·迪奥心满意足了。接下来，他要面对的就是选择人生道路了。

怎么样的人生道路才是克里斯汀·迪奥应该选择的呢？难道也要像父亲那样经营起一家极具规模的大公司，成为让人敬仰的成功者吗？

莫里斯·迪奥的确是一位成功的商人，他把自己的事业经营得风生水起，也许战争是他事业的一个转折，战争过后，他又将生意的规模扩大了几倍。他在商界和社会上为自己赢得了万众瞩目的位置，随后，他又身兼多家公司的负责人或者投资者。但是，这些越来越多的声名并没有成为他的负累，相反，他更加游刃有余，并且应对自如。

父亲的雷厉风行，克里斯汀·迪奥一点都没有继承，他一心把自己的梦想放在了艺术上。当时，他除了去"屋顶之牛"外，另一个最常去的地方就是画廊了，他看着那些挂在墙上的框架，常常就入了迷。古典主义的画作似乎变得有些过时了，新的画作风格开始流行，如立体主义绘画、达达主义，这样的名词从字面上就表现了这些派别的主张。克里斯汀·迪奥的内心也开始有了思考：是不是曾经的那些经典就这样要成为记忆了呢？那么到底什么才是艺术的永恒呢？现在已经从皮埃尔·波纳尔和爱都华·韦雅尔过渡到毕加索、布拉格了，那么下一个潮流风刮起来的时候，又会是谁变成主角呢？这些问题让克里斯汀·迪奥更加坚定了自己的艺术梦想。

并且，克里斯汀·迪奥觉得自己除了会画画，其他的技艺什么也不会，他的倾向就是去美术学院。他的父母却不这么认为，他们觉得从自己的地位来说，只有外交官和政治家才能算是体面的工作，只有这样的工作才能配得上迪奥家显赫的名声。他们根本不在乎克里斯汀·迪奥是否有艺术的天赋，或者说，他们都不知道自己的儿子有什么样的艺术天分。

在迪奥夫妇的眼里，那些所谓的画家和音乐家根本就是一群乌合之众，他们连自己的温饱都不能解决。而且，这对夫妇也从来都不知道自己的儿子有着什么样的艺术天赋，虽然他们看到了克里斯汀·迪奥的设计图和成品，但是他们也只认为那是儿子的一点兴趣爱好，根本不可能成为正当的职业。当克里斯汀·迪奥与家人商量着要去学习美术的时候，遭到了迪奥夫妇的强烈反对和训斥。

父亲的反对应该算是在克里斯汀·迪奥的意料之中，因为这个成功的男人从来都不会关心自己的儿子有什么样的想法，他只知道关心自己的股票是如何涨停的。作为一个在商场上呼风唤雨的权威，他根本就不理解那些美术学院存在的意义，让自己的儿子踏上艺术的道路更是不可能的，那种穷困潦倒的不体面的工作根本就不是他这样的家庭所能容忍的。莫里斯的原则就是，即使儿子的天赋犹如梵高一样，那也不能将他送到美术学院，这不是他想看到的。他希望儿子能够像家族里的吕西安·迪奥那样成为家族的荣耀。吕西安在成为成功的商人之后，又产生了从政的念头，并且事实证明，吕西安的从政之路也是非常成功的。直到今天，在格朗维尔还有一条吕西安·迪奥大街。

但是，出乎克里斯汀·迪奥意料的是，就连母亲也歇斯底里地反对自己的选择。他一直认为自己与母亲的情感至少比父亲要好得多，因为他从小就觉得与母亲一样地追求着那些美丽，比如对于花园的装饰和建筑。而且，在过去的日子里，为了维护他在家中的乖宝贝形象，他还遵循母亲的意愿，有意地去亲近与母亲的关系：在他的建议下，母亲在花园中铺设了一道石墙，这就犹如一道屏风，可以挡住巴黎下午有些炎热的阳光，绝对是喝下午茶的好去处；他陪着母亲去花店选购艳丽的花朵；他还获得邀请陪同母亲去她的制衣商那里——这简直就是一项殊荣，克里斯汀·迪奥的姐妹们都没有这样的待遇……他一直是迪奥夫人最懂事、最孝顺的孩子。

克里斯汀·迪奥本以为母亲会站在自己这一边，至少可以保持一个中立的态度，但是他没有想到，母亲对于他的选择，态度简直与父亲如出一辙。她斩钉截铁地驳斥了自己的儿子，并十分坚决地告诉他："那些在美术学院学到的东西，根本就不是一种职业！"

其实在这个家庭里，迪奥夫妇将儿女们的未来都打算得很好，满以为家族的庞大家业可以由这些孩子哪怕只是其中一个来继承，他们也就心安了。所以他们才对克里斯汀·迪奥的要求这样严格。

克里斯汀·迪奥因为梦想而自信满满的心灵一下子就变成了

虚无,这让他垂头丧气,犹如一只斗败了的公鸡。他知道他永远不可能像哥哥那样声嘶力竭地反驳父母,并且还会义正词严地对父母说:"你们根本都没有权利决定我的人生!"不能反抗,只有服从!这是克里斯汀·迪奥唯一的选择。

　　他接受了父母的安排,几乎是放弃了有关于艺术的任何想法,为了父母而学习一些跟政治和前途有关的事物。或许,这种前途只是一种"钱"途。

　　多年以后,当克里斯汀·迪奥回忆起这一段往事的时候,他狡黠地笑着说:

　　"为了赢得时间,为了享受尽可能大的自由,我就读于圣·盖洛姆大街的巴黎政治学院,这不必承担任何责任。这是一种允许我过自己想过的生活的虚伪方式。"

　　他就这样顺从了吗?当然不会,有着真正的艺术追求的人永远都不会放下自己的梦想,克里斯汀·迪奥算是采取了一种迂回的方式,就像是他一贯的表现那样,在父母面前的顺从绝对不代表他已经完全放弃了自我。

　　巴黎政治学院,是1871年普法战争结束后由埃米尔·布特米等人创立的法国著名大学,在当时已经是非常显赫。在这所大学里,曾经就有众多的商界政要和文化名人就读,比如2004年以来在任的法国国家元首中,有四名曾经就读于这里,如总统希拉克、萨科奇等。在法兰西第五共和国,几乎所有的政府总理都是政治学院毕业的,六位总统中有四位是巴黎政治学院毕业的。同时,小说家马塞尔·普鲁斯特和朱利安·格拉克、现代奥运会奠基人皮埃尔·德·顾拜旦等都是从这所学校毕业的。这是一个培养政治家和文化名人的摇篮。迪奥夫妇为克里斯汀·迪奥设想了许多的成功之路，似乎这一条是最为稳妥的，只要儿子按部就班地完成学业，那么成为政界高官就是水到渠成的事情了。

这所拥有良好的文化氛围和优秀教师队伍的学院，确实是一条通往人生成功之路的捷径。但是，一个人想要有所作为，首先从自身来说就要有投身政治的热情和志向，只有知道自己的目标是什么，才有可能为之倾尽全力去奋斗。很显然，克里斯汀·迪奥不是这样的人，他所关心的，与这里的学习气氛有一些格格不入。他没有那种能够成为政治家的胆识和谋略，他也没有积极向上、深谋远虑的政治倾向。

既然采取了迂回策略，那么就要表现出自己"绝对"的屈从。克里斯汀·迪奥回到家里就将自己在外面的潇洒和浪荡不羁深深地掩藏起来，表现得如同原来一样：沉稳、谨慎还有沉默。迪奥夫妇对这样的克里斯汀·迪奥很满意，他们觉得自己的儿子已经在向着政治家的方向努力了，他们甚至已经开始与吕西安商量着等到克里斯汀·迪奥毕业之后，要为他谋一个什么样的政界职位了。

为了梦想而奋斗着，这是克里斯汀·迪奥毕生所坚持的原则和信念。

2. 为了梦想退学

1920的秋天，巴黎的街头依然繁华，这座时尚的艺术城市永远不会因为季节的变换而表现出文化断层。美丽、神奇、优雅、浪漫……似乎什么样的好词汇用来形容这个城市都是不为过的，这个城市就是艺术的代名词。

20世纪的艺术领域正在经受着多元化发展的冲击，艺术的陈规开始有不断翻新的突破。许多有着独到见解的艺术家们抓住这个机会，准备在艺术翻滚的浪潮中给自己争取一席之地，而克里斯汀·迪奥也准备在这样的环境中好好地整理一下自己对艺术的思考。

克里斯汀·迪奥从小就在钢琴方面有极高的艺术天赋，这也使得父亲破例允许他在巴黎政治学院去学习音乐创作，这对于他来说，已经算是父母难得的支持与鼓励了。也许，这算是父母反对他追求艺术的一种补偿吧；或者，这也许是克里斯汀·迪奥善于表现顺从而让父母对他放了心，父母对他表现满意而赠送的一个小"礼物"。不管怎么说，克里斯汀·迪奥已经很感激这份"礼物"了，他继续与父母进行着类似于捉迷藏的游戏。双重的性格让他在自己的梦想和父母的选择之间游刃有余，就如同画家米切尔·西里曾写道：

迪奥就像一个大小孩，一个怕羞的旧式学童。而这种孩子式的局促，正是他最迷人的地方。

"屋顶之牛"酒吧的让·科可托正处在事业的巅峰状态，当时他为了演出《埃菲尔铁塔的婚礼》，别出心裁地采用了一批作曲家，如：亚瑟·奥内热、达留斯·密尔奥、弗兰西斯·普朗克、乔治·奥里克、路易·迪雷、热尔曼·塔伊费尔，还有领头人物艾立克·萨蒂，这几个人被称为"六人组"。此外，为了让自己的剧目达到最好的效果，让·科可托还安排了专门的人来负责幕后：伊雷娜·拉古负责简易的舞台布景，让·雨果负责服装和滑稽面具。这场声势浩大的芭蕾舞剧也没有让观众失望，它颠覆了人们对传统剧的想象。让·科可托创造了一种时髦的会说话的芭蕾舞剧，他把能够运用到的艺术手段，如绘画、舞蹈、音乐、时尚、雕塑、诗朗诵等都搬到了舞台上，并且神奇地让他们和谐地演绎了一出美丽的剧目。

让·科可托掀起的艺术浪潮让克里斯汀·迪奥的心中产生了不小的涟漪。也正因为如此，他更加卖力地联系着自己的音乐创作，希望在有朝一日，也能够与这样的艺术大师有一次心灵上的"艺术碰撞"。因此，他也常常去看另外一些音乐家的演出，正是在这样的环境下，克里斯汀·迪奥认识了许多相交一生的挚友，比如，亨利·索格。与索格的相识，既是意外也是在情理之中的。

亨利·索格是一位来自波尔多的音乐家。在家乡波尔多，索格也算是一位大名鼎鼎的人物，但是他不满足于留在家乡，于是他来到了巴黎。可想而知，在巴黎这样一个卧虎藏龙的大城市，让索格变得有些微不足道。可是，索格却觉得能和这么多的艺术家交流是一件很愉快的事情。

1923年6月，索格带领着马克西姆·雅各、亨利·克立格·普莱耶和罗杰·德索米埃尔等几位年轻的音乐家，在法兰西小礼堂里举行了他们的首场演出。当时，克里斯汀·迪奥是作为学生观众坐在台下的，他看着舞台上顶着美丽光环的音乐家们，心中的激动难以形容，他急切地想要认识这一群与自己年纪相仿的艺术家们，因为他们的音乐引起了自己灵魂的共鸣。他还专门为此而创作了几首钢琴演奏的曲子，并取名为《法兰西女人》。

不久，克里斯汀·迪奥的一位来自荷兰的朋友罗伯特·鲁斯传来一个好消息：他可以将索格介绍给克里斯汀·迪奥认识。这让克里斯汀·迪奥兴奋不已，他连忙准备了一场欢迎索格的晚会，这是以罗伯特·鲁斯的名义组织的。严格来说，这仅仅是克里斯汀·迪奥和亨利·索格的第一次见面，后来两个人就变成了一辈子的莫逆之交。

在这场晚会上，克里斯汀·迪奥和亨利·索格轮流演奏着各自拿手的曲子，几乎是将当时流行的曲目都演奏了一遍。最后，两个人在一曲《法兰西女人》的乐曲弹奏中结束了这一场友谊万岁的晚会。

后来，索格和克里斯汀·迪奥在各自的回忆录中都提到了这一场令人回味无穷的晚会。

亨利·索格在《音乐，我的生活》中写道："那天晚上，在迪奥那儿，我认识的多数人后来都成为了我最好最亲密的朋友。"

克里斯汀·迪奥也在回忆录中：他（亨利·索格）活泼的眼神，眼镜后面闪现的一副顽皮的样子，他面部上令人难以置信的丰富表情，他谈话时的机智和聪明。这位来自于西南部的人，一切是那么的拉丁化、那么有精神，让我这个迟钝、寡言的诺曼底人感到头晕目眩。

法国有一佳句："世界上用得最普遍的名词是朋友，但是最难得到的也是朋友。"这就是友谊，友谊一旦建立就是心灵之间的共鸣，克里斯汀·迪奥和索格之间完全就是互相吸引。其实，真正的友谊真的很难用一些概念去解释，他们就好像是一块磁石，没有过多的原因，就是一辈子的情谊。

通过这一场晚会，克里斯汀·迪奥也认识了更多有相同爱好的朋友，比如画家克里斯汀·贝拉尔、画家兼诗人马克思·雅各、演员马塞尔·赫兰、作家热内·克雷韦尔以及历史学家彼埃尔·加索特。他们经常在一起讨论文学作品、绘画技巧，几乎每天都有相应的安排，比如戏剧表演、吟诗作画、交流心得，这些形形色色的活动，让他们的生活变得很充实。索格干脆就建立了一个俱乐部，大家每周都会去某个酒吧里面聚一聚。

　　这些朋友都是克里斯汀·迪奥一生的挚友，他们都是性情温和的纨绔子弟，他们都知道自己想要的是什么生活，他们都知道自己的梦想要如何实现。那时的他们是多么快乐，那些讨论、那些思想，无论是文学、艺术、还是政治，每一个人都有很多的东西要去讲述。他们对待生活的态度有所不同，却都有着自己的见解，但就是对待艺术的执著把这些年轻人联系在一起，即使有的时候，有人走极端，彼此之间会有较量，但是在言语上都会礼貌谦和。

　　除了酒吧，这群年轻人还喜欢去一家名为"四通路"的书店，这是由后来成为让·科可托的秘书——拉鲁尔·勒文开的书店。于是，这个群体中的一些作家就将自己出版的书放到这里销售，而且，很多人还在这家书店里找到了能够指引自己生活方向的书籍。比如法国作家普鲁斯特、安德烈·纪德等人的书籍，都是能够激起人们想象的书籍，这些书籍为这一群年轻人打开了一扇窗户，指引着他们更加真实地生活。

　　更多的人在这里相识并结成了朋友，就像是莫里斯·萨克斯所说的那样："在那里，你可以结识所有有趣的年轻人。"

　　每一个年轻人都有他们各自生活的特点：让·科可托善于运用机智的语言来交流；雅各就不喜欢那些"斯文传统"，他年轻气盛地游戏人间。只要有他在场，所有人都会畅所欲言，就连有些害羞的克里斯汀·迪奥都会滔滔不绝。只是他多数都待在罗瓦尔河谷，那里有一个村子，等到他来到巴黎的时候，就会住在一家价格不菲的位于诺莱大街的诺莱旅店。克里斯汀·迪奥将雅各住的那家旅店形容为"用倒着的望远镜所看到的宫殿"，这里也是这一群年轻人恣意胡闹的小城堡。他们在那里开化装舞会，放声高歌，演奏着各种各样风格的乐曲，每个人都在这里尽情狂欢，开怀畅饮。

　　雅克·邦金就这样描述过他们的"胡闹"生活：一有时间我们就会到马克思·雅各所住的那个位于诺莱大街的旅馆中去，马克思把那里称为他的宫廷。事实上，他多数时候都住在罗瓦尔河谷的一个叫做圣·贝诺伊的美丽山村中，但是一旦他来到巴黎，他总会住在这个只能算作中档的旅馆中。一般情况下，我们会在黄昏的时候聚集在这儿。那时候马克思可能刚刚结束他的谱曲工作，从楼上的房间中走下来，加入到我们中间来。音乐是少不了的东西，亨利·索格和克里格·普莱耶尔会在钢琴上互比高低，或者即席演奏和合唱。有些曲目是他们自己创作的，有些是他们的师父萨蒂的。经常会有一位面容温和的年轻小伙子为他们伴奏，那就是克里斯汀·迪奥，他开始希望自己能够成为一名音乐家。

　　克里斯汀·迪奥一直就这样生活着，因为他知道自己永远都不可能成为父母期望的那种人，即使这个阶段的他开始向音乐家的方向努力，但他在服装设计上的天赋还是会流露出来。比如在他们的聚会上，有时会有假面戏的表演，本来还在听着音乐就打鼾的克里斯汀·迪奥立刻就会醒来。他会为戏中的人物配上最合适的服装，从而让他们的假面戏演绎得更加精彩。所有人都会为克里斯汀·迪奥的设计而倾倒，这个天赋也让克里斯汀·迪奥得到了很多女孩子的青睐。特别是在一些重要节日的时候，这些女孩子就会成群结队地来到克里斯汀·迪奥的家中，请求他为她们的衣着提供一些帮助，不论是在服饰搭配还是颜色拼搭上，他总会有一些让女孩子们惊叫的新创意。这个时候的克里斯汀·迪奥被女孩子们包围着，就连朋友圈中最帅气的赛尔日·赫夫特勒都只能形单影只地被晾在一旁。

克里斯汀·迪奥这种服装设计的天分，是从小就如影随形的，但此时的他还不知道这样的天分能够给他带来什么样的荣耀；或者说，他根本没有想象自己将来会靠着这样一种天赋出人头地。因为，即使是画家这样的职业都会让父母不屑，更别提服装设计师这样卑微的职业了。此时的他也只是将这样的设计天分当成是一种乐趣，他在朋友的圈子里，极力想要成为一名音乐家。

当朋友们都觉得在外面浪荡的娱乐生活有些枯燥而不知去向的时候，克里斯汀·迪奥都会大方地将朋友们邀请到家里面坐坐。他们在克里斯汀·迪奥的家中感叹着艺术的魅力，筹备着一些剧目表演的彩排，或者他们会玩一些在迪奥夫妇看来十分神秘的游戏。

其实，迪奥夫妇之所以对克里斯汀·迪奥的朋友们没有表示异议，是因为克里斯汀·迪奥的捉迷藏游戏取得了显著的成效，他总是会回家对父母谈及自己的朋友，并将这些人的家庭背景坦诚地跟迪奥夫妇交代。他看重友情，这是迪奥夫妇熟知并且欣慰的，而且他们也觉得自己的儿子与这些家庭显赫的年轻人在一起是合理的。这个时候，迪奥夫妇还没有太多的心思去管束自己的二儿子，因为他们的大儿子雷蒙马上就要结婚了。

1925年，莫里斯·迪奥的大儿子雷蒙迎娶了一位漂亮的新娘，她叫玛德琳，她还带过来一笔数量可观的嫁妆。迪奥夫人觉得很满意，因为终于有人可以管束雷蒙了。

这就是一群纨绔子弟最真实的生活，他们的家庭都有着显赫的背景和不俗的家世，他们不用为金钱而发愁，不用为事业生计而忙碌奔波。他们觉得自己存在的意义就是为了各自的爱好，他们怀着激情和梦想，去追求高高在云端的艺术。

可是，有的时候，梦想追求太多而忘记了现实也是一件十分不愉快的事情。

克里斯汀·迪奥几乎把他所有的大学时光都投入到与朋友们高谈阔论中去了，而巴黎政治学院的学业都被他荒废了，每个学科都是"红灯高高挂"。当克里斯汀·迪奥到了二十二岁时，他发现他的迂回方略就要不起作用了。

逃课，这是克里斯汀·迪奥唯一能为自己的学业做得最多的事情，三年的时间，克里斯汀·迪奥几乎都没有踏入过校门。某些学科的教授甚至都不知道还有克里斯汀·迪奥这个学生。到最后一个学期的时候，顺利毕业似乎变成了一件几乎不会实现的事情，拿到学士学位简直就是天方夜谭。

其实，克里斯汀·迪奥早就知道自己不可能成为父母期望的那种风光人物，但是他还没有做好准备来让父母面对这个现实，他本以为可以一直都这样生活在两个世界——那个地位显赫的家庭和自己的艺术世界。

他不喜欢各种各样的考试，也不喜欢听那些枯燥的课程，为了逃避学业和考试，他几乎想遍了所有的借口，编造了一个又一个的理由。比如在1926年5月，他给教授写了一张假条，说自己得了重感冒，卧床不起，所以要申请延期考试。教授批准了克里斯汀·迪奥的请求，并且还亲自写了一封信对这个学生表示问候。事实上，克里斯汀·迪奥每次都会因为排演剧目而请假逃课，甚至很多时候他会把用过的请假信重新写一遍就交给另外一个老师，他的任课教授几乎都收到过同一封信——全都是他"身体不适，重感冒卧床不起"的信，但是这些教授竟然都神奇地没有拆穿他。在过去三年的时间里，除了一门"大国贸易政策"的课程取得了不错的成绩外，其余课程的教授都对克里斯汀·迪奥作了这样的评价："他是一个十分聪明的学生，但是用功不够。"而且，克里斯汀·迪奥对待论文的态度也十分不严谨。在学校的考勤记录表上，克里斯汀·迪奥还创造了"全学期旷课"的纪录。这件事发生在1927年，因为这一年，他要频繁地参演伦敦芭蕾舞剧《哦，黑夜》的首演以及多场舞台剧和音乐剧的演出，这也成为了让他留级一年的充分理由。

这时的克里斯汀·迪奥已经充分地认识到，再去重修已经没有什么必要了，他对留级一年充满了抵抗情绪，虽然这可以让他推迟入伍参军的时间，但是他实在不能够忍受将时间花费在他不感兴趣的事情上。这几年的放荡生活造就了克里斯汀·迪奥更加高傲、敏感、果断的艺术性格，他对于艺术的追求，已经达到了无法容忍再去将时间耗费在完全没有意义的事情上了。

于是，在剩下的学期里，每次克里斯汀·迪奥在签到的时候，都会在自己的名字后面写上"我退学"三个字，并且在1928年的时候，他毅然决然地给学校的行政部门呈上了一封"退学信"。

长久以来的躲避终究还是要面对的，克里斯汀·迪奥这一次要面对的暴风雨要比四年前面对的更加剧烈、严重。

迪奥夫妇看着眼前的这个二儿子，忽然有一种陌生的感觉，就好像他们刚刚认识克里斯汀·迪奥一样。莫里斯·迪奥简直愤怒得无以复加，他脸上的肌肉因为隐忍的愤怒而微微抽动着，眼睛里掺杂了冰冷、失望、痛苦、沮丧，种种复杂的情绪在这样的环境下显得格外真实。他为自己而感到悲哀：自己是一个成功的商人，却不是一个成功的父亲，虽然有三个儿子，却没有一个能够出人头地，大儿子雷蒙虽然在公司工作了几年，但他实在是太叛逆、太偏激了，他根本就没有能力扛起公司领头人的重任；二儿子表面乖顺，内心里却有着自己的主张和观点，现在又要变成街头的流浪艺人了；还有谁？对，三儿子……可是三儿子也是一个特别的人，行为怪诞。这三个儿子没有一个能成大器，可怜自己辛苦半生拼下的偌大家业，却没有一个人能够继承。想到这里，莫里斯痛苦地闭上了眼睛。

迪奥夫人看着自己最为疼爱的二儿子，心中的震惊和失落也不比自己的丈夫少。她最希望看到克里斯汀·迪奥能够被学校锻造成为一名出色的外交官，她甚至都想好了要穿什么样的裙装来出席克里斯汀·迪奥的毕业典礼。但是，现在所有的一切幻想都破灭了。

命运的航船缓缓地向前航行，谁也不知道会在人生的旅行中见到什么、经历什么。我们不能在人生的浪潮中回头，我们只能不回头地向前走！

3. 厄运连连

生活不能总是给予我们安逸，就如同天空不会总是晴朗一样。可能生活就是要磨砺我们的性格，让我们从厄运和打击中迅速地成长！坚忍是意志的最好助手！

1929年10月的纽约，有着比深秋更寒冷的萧瑟和凋敝。

10月24日这一天是星期四。本来西方文化里就有一个令人讨厌的"黑色星期五"，但是这一天之前，还有令人讨厌的"黑色星期四"。

在10月份之前，纽约华尔街的股市一直是节节攀升，大约有七年的繁荣时期。但是在9月初，就有一位统计学家预言美国将会出现大规模的经济大萧条。虽然这个预言让华尔街股市产生了一种警惕的气氛，但是当时的美国总统胡佛声称美国的经济从全局来看绝对是健全的。

10月24日，股市出现了空前抛售的风潮，一天之内有一亿多股的股票易手，此后，股指就一直狂泻了百分之十三。到了29日，股市已经崩溃到了极点，多种股票涌到了市场上，人们不论什么价格都疯狂地抛售，最后是以一千六百三十八万股收盘，打破了历史纪录。巨大的损失比协约国欠美国的战争债务还要大五倍，虽然在这期间有很多的金融巨头试图力挽狂澜，但是都无济于事，股市一泻千里。于是，以美国纽约华尔街股市事件为导火索，一场严重的资本主义经济危机就此展开。这一场经济飓风从美国开始，它不仅把美国卷到了崩溃的边缘，并且迅速地席卷了整个资本主义世界。无论是证券交易市场中的股票还是银行中的储蓄，一夜之间都变成了废纸，抢着争购证券的企业和个人在一夜之间都变成了穷光蛋，所有的财富都变成了泡沫，无数人经受不住这样的打击而自杀。

这一场经济危机登陆法国的时候是在1930年，1929年的法国还是一片和谐盛世的景象。而克里斯汀·迪奥在这不到一年时间里的生活也不算是那么平和。

时间回到1927年，尽管克里斯汀·迪奥不愿意面对人生的种种必然经历的阶段，但他还是必须要面对现实。10月份，迪奥应征入伍，属于第五工程团二等坑道工兵，部队驻扎在萨托利，他的主要工作就是搬运铁轨，长时间的劳动让他的肩膀酸痛。于是，迪奥给自己做了一个小软垫用来保护自己的肩部，这样坚硬的铁轨就不会摩擦他的制服。在不劳动的休息时间，迪奥也会与身边的士兵聊聊天，他认识了一位名叫尼古拉·邦加尔的战友。尼古拉也是一位高雅的人，爱好魅力无穷的艺术，而且他的母亲热曼娜是设计大师保尔·普瓦雷的姐姐，热曼娜同时也是一位诗人，毕加索、德兰、尔库西等画家和艾立克·萨蒂等音乐家都是她家中的常客。这也让尼古拉·邦加尔有着不同凡响的艺术见解，基于这个共同的爱好，克里斯汀·迪奥和尼古拉·邦加尔成为了终生的莫逆之交。

1929年，退伍之后的克里斯汀·迪奥回到了家里，他真的要好好地跟自己的父母沟通——关于自己的前途，关于自己的梦想很难动摇的问题。其实，在克里斯汀·迪奥准备退学之后，他就为自己想到了各种各样可能的前程，是将这样苏格拉底式的生活结束，还是继续作为一个虔诚的艺术爱好者自由地寻找着快乐？克里斯汀·迪奥看着身边的朋友，心中已经有了决定。

克里斯汀·迪奥身边的朋友都是富于才华和创造性的年轻人，他们身上的光环让克里斯汀·迪奥无限地仰望，比如克里斯汀·贝莱尔。贝莱尔具有绘画的天赋，他与克里斯汀·迪奥相差三岁，但他们的家庭背景相似，并且还是在同一个街区一起长大的。贝莱尔从童年的时候就能画出各种各样的事物，比如马戏团的小丑、芭蕾舞团的舞蹈家。贝莱尔作品中的人物都带着谜一样的微笑，这一点最让克里斯汀·迪奥着迷，他将贝莱尔的画作挂在自己房间的墙上。带着无限崇敬的目光看着自己的朋友，克里斯汀·迪奥觉得自己遇到了当时最伟大的画家之一。

"我所要求的幸福就是友情和我所崇拜的人。" 喊出这句话的克里斯汀·迪奥有时天真得就像一个孩子。他的崇拜也让他在艺术之路上有些懒惰，因为他尽管很钟情绘画创作，但是他并没有像身边的人那样尽心尽力地去挖掘。他将自己摆到了一个旁观者的地位，他想看着自己的朋友们在艺术的道路上变成伟人，他自己是一个见证伟人崛起的称职观众。友情让他变得天真，天真得不想去争。当然家庭的富裕也使他不用去借艺术来养家糊口，他有充分的时间来让自己的创造才能成熟起来。如果我们把克里斯汀·迪奥这艺术的一生连接起来的话，也许他是有意让自己不过早地崭露头角，就像是要在取得最终的成功之前一定要经受一些磨难一样。

起初，退学之后的克里斯汀·迪奥本来是想成为博物馆的一名管理人员，但是迪奥夫人觉得这简直太荒谬了，她斩钉截铁地否决了儿子的想法。在她的眼中，人生的成功只能在政要和商界中出现，那些平凡的工作岗位，如建筑师、画家、时装设计师、公共场所的管理者等都是不入流的。如果克里斯汀·迪奥的工作是这样的，那么对于整个家族的地位来说，这根本就是一种抹黑的行为。

无所事事的克里斯汀·迪奥只好又重新回到自己的世界里，这时的他好像又对绘画燃起了兴趣。他频繁地出入画廊，在那里几乎会泡一整天的时间，如果遇到了特别喜欢的画，他会不惜重金买下来，与自己朋友的画摆在一起。这个时候的他是快乐的。

1928年，一位被称为"时尚之王"的设计师——保尔·普瓦雷轰动了整个巴黎，他设计的衣装极具东方特征——那还是在他受到了俄罗斯芭蕾舞团的影响所作出的设计。模特们穿着类似于土耳其后宫里的长裤，头上缠着穆斯林的头巾走在站台上，台下掌声雷动。

克里斯汀·迪奥和朋友们也在看台下面，服装展让他的内心产生了巨大的震动。他没想到服装设计也可以有这样的超越创意，还有那些不同文化理念的融会贯通、时尚的设计元素等，都在他的心中留下了很深的印象。也许，就是这样的一场时装展览会在他的心中投下了一颗种子，一颗日后必将成长为参天大树的艺术种子。

在取得了巴黎的设计大师的名衔之后，保尔·普瓦雷也获得了更多的财富。在美丽的塞纳河上，停泊着三只楼船，它们分别被命名为"快乐号"、"爱神号"和"管风琴号"，许多人被邀请到船上玩乐，克里斯汀·迪奥和他的朋友们也有幸被邀请。在这里，克里斯汀·迪奥第一次近距离地接触了一位极富有想象力和创造力的服装设计师。就在此时此刻，克里斯汀·迪奥在游荡一圈之后终于下定了决心，他想经营一家画廊。

让克里斯汀·迪奥坚定这个想法的，是一位经营过宝石生意的商人——雅克·邦金。雅克·邦金与克里斯汀·迪奥有一些交情，雅克对于艺术也有着巨大的热情，当初他与莫里斯·萨克斯在巴黎合伙开了一家出版原版插画作品的公司，可是没过多久，莫里斯·萨克斯就被香奈儿聘请成为该图书馆的馆长。有人给雅克·邦金介绍了另一位年轻人——卡帕尔·布鲁斯，但是这位年轻人根本不懂得什么是艺术，也没有太多的耐心，没干几个月就离开了。于是，雅克·邦金想到了克里斯汀·迪奥，他希望克里斯汀·迪奥能够成为自己新的合伙人。

这个消息对于克里斯汀·迪奥来说，无疑是一件天大的喜事，因为有了雅克·邦金，那么他说服父母的成功率就大了许多。于是，他忐忑不安地将自己的想法向父母全部讲明，他甚至都做好了被父母臭骂一顿的准备。但是出乎他的意料，父母在经过一番讨论之后竟然同意了这个决定，并且还拿出一笔资金让他去创业。克里斯汀·迪奥简直是喜出望外了。虽然在迪奥夫人看来经营一家画廊跟开一家杂货铺差不多。

不管怎么说，克里斯汀·迪奥在梦想的道路上迈出了第一步。在香榭丽舍大街34号的一条小巷的尽头，一家名为"雅克·邦金"的画廊开业了，因为迪奥夫人绝对不允许自己家的名字出现在店铺的牌匾上。画廊只能起了一个这么简单的名字。

克里斯汀·迪奥看着装饰考究的画廊，还觉得像是在梦里一样，因为他从来没想过自己可以距离梦想这样近。那些镶嵌在画框里的画纸有着很多很多的颜色，就像是梦境里的虚幻和缥缈的景象，虽然不真实，却还是让人感觉到惬意和温暖；就像是阳光，即使那么炎热，也是地球万物生存的必要条件。梦想就是生活的必要条件，没有梦想，人生好像就没有了光明。

生意渐渐走上了正轨，有了雅克·邦金的帮助，克里斯汀·迪奥也懂得了不少经商之道，两个人的配合让生意也变得越发红火了。而且这一段时间里，雅克·邦金和克里斯汀·迪奥之间的关系也算是更上一层楼。这其中，还有雅克·邦金妻子的功劳。

雅克·邦金的妻子与克里斯汀·迪奥一样，也是十分喜爱音乐，于是，她总是邀请他到家中做客，两个人在店里也经常弹奏钢琴或者交流各自对于音乐的看法。就这样，克里斯汀·迪奥和雅克·邦金一家走得很近，他成为了雅克家最受欢迎的人。甚至，当雅克的女儿出生之后，雅克还请克里斯汀·迪奥做自己女儿的教父。

虽然这是一家画廊，但是它还有着娱乐休闲的功能，克里斯汀·迪奥和朋友们经常在这里聚会娱乐，而且朋友圈中最受尊敬的克里斯汀·布拉德此时已经是大名鼎鼎的画家了。在他的帮助下，克里斯汀·迪奥的画廊很快就在法国艺术圈中小有名气了。

此时，莫里斯·迪奥的生意依然经营得风生水起，洗涤方面的品牌产品已经在市场上站稳了脚跟，生产规模又比一年前扩大了两倍。虽然每天都会从报纸和广播中得到一些关于经济危机的消息，但是莫里斯依然很乐观，他觉得这场经济风暴不会越过大西洋登陆法国，公司的生意也不会受到什么影响，他对于自己的产业有着极大的自信心。

就在家里的每一个人都对生活抱有乐观的态度时，一件不幸的事情发生了。莫里斯·迪奥的三儿子伯纳特·迪奥的精神出现了严重的问题，他的情绪越来越不稳定了，经常会有狂躁的举动和恐怖的表情，并且还会做出一些不可思议的事情来。其实，在伯纳特小的时候精神状态就不是很好，但是家人都认为他只是性格上有一些缺陷，也许等到长大了就会有所好转，于是家人让伯纳特出门走走，希望旅行能对他有所帮助。可是现如今的伯纳特不但没有好转，病情反而更加严重了，最后医生诊断他患有极具攻击性的精神疾病。十八岁的伯纳特就这样被送进了诺曼底的精神病院，一直到后来去世。十八岁的少年还没展开自己的人生，就这样被冰冷的铁门封锁在了一个与世隔绝的地方。

迪奥夫人在经受了这一系列的打击之后，始终郁郁寡欢，虽然她在人前表现得没有什么烦心事，但实际上她的内心比任何人都要痛苦。本来丈夫的化肥公司就让她觉得自己已经距离高雅和时尚远了很多，所以她拼命地想要用栽种花草、跻身名流社会等方式来掩盖自己对丈夫事业的厌恶。她想让克里斯汀·迪奥变成一名出色的外交官也是出于这样的目的，因为她不希望自己的孩子永远都是一个买卖散发异味的化肥商人，但是雷蒙和克里斯汀·迪奥显然都没有重视她的苦心。极度的抑郁充满了她的身心，半夜暗自垂泪已经成为了习惯，当伯纳特被送进精神病院之后，早已身心俱疲的她似乎都要崩溃了，就像是一根稻草压垮了一头骆驼一样。

于是，在某一个晴朗的午后，迪奥夫人在花园散步时，一阵眩晕的她倒在了花丛上，那些娇艳的花朵开得正好，但是却没有托住迪奥夫人那柔弱的身躯。女仆们慌忙赶来将迪奥夫人抬进屋里，并请来了家庭医生。

迪奥夫人被诊断为患有纤维瘤，要做手术进行治疗，这在当时算是一个小手术，并且这样的肿瘤一般都是良性的。全家人都以为迪奥夫人在做完手术之后就应该没事了。

手术之后，迪奥夫人的身体恢复得还算不错，她每天坐在花园里静养。克里斯汀·迪奥也时常抽出时间回家陪着母亲，在花园里晒太阳，为母亲读读书中的故事，和母亲聊一聊以前的往事。克里斯汀·迪奥发现母亲的双鬓已经有了明显的白头发，他忽然为自己感到羞愧，他连母亲什么时候开始变老都不知道。但是，他又为自己感到庆幸，因为他还有时间可以陪陪母亲，可有的时候，这个世界的某些事情并不是我们想怎样就可以怎样的。

1931年5月的某一个清晨，迪奥夫人突然发起高烧，并且口腔内还有出血的状况，呼吸道黏膜上也有许多血迹。随后，高烧不退的迪奥夫人陷入了长时间的昏迷，家人赶快将迪奥夫人送到医院抢救，但是医生的奋力抢救还是没有挽回这个美丽女人的生命。在这个依然晴朗的天气里，五十一岁岁的迪奥夫人走完了她优雅的一生。

生活总是给我们各种各样的问题，而我们活着的意义就是去解决这些问题。当我们已经习惯了这些打击和厄运，那么我们就会有更多的感激去面对这个世界的恩赐。

4. 遭遇破产

季候风吹过了海洋，来到了巴黎。巴黎下了一整个春天的雨，这样湿漉漉的天气一直延续到了6月，让每个人的心上都变得潮湿，人们期盼着阳光和真正的夏天。

而只有迪奥一家觉得这样的阴霾更适合此时此刻的心情。

迪奥夫人的去世给迪奥一家带来了沉重的打击。尤其对于莫里斯·迪奥和克里斯汀·迪奥来说，这个美丽的女人在他们的生命中停留的时间实在是太短太短了。

莫里斯·迪奥对于妻子的去世一直都难以接受，每天浑浑噩噩地过日子，抱着妻子的照片喃喃自语，他宁肯相信妻子只是出门旅行了，等到她累了就会回来。他真的不愿意相信美丽的妻子就这样永别了，他一直都在以妻子作为动力，努力地成为成功的商人，努力地将公司的规模扩大，这一切都是为了妻子能够一直保持那种美丽的优雅和高贵。如今，妻子不在了，他不知道还能够做什么，生活的目标和奋斗的方向随着妻子一起埋入了地下，再也没有任何理由去拼搏了。

我的母亲，我崇拜的人，由于悲伤，静静地消逝了……她的死……在我的一生中都留下了重重的痕迹。

克里斯汀·迪奥在回忆录中写下了自己的悲痛。对于克里斯汀·迪奥来说，母亲在他的生命中留下的记忆实在是太多了，她崇尚的优雅和艺术，是克里斯汀·迪奥也一直希望和追求的。在这个典型的古典教育模式的家庭里，克里斯汀·迪奥与父亲的感情没有那么亲近；相反，他最敬仰的就是自己的母亲，他想尽一切办法来亲近母亲。为了母亲而背诵那些名著佳篇；为母亲弹奏着那些钢琴曲子；为了母亲而仔细地辨认每一片花草的样子；为了母亲翻遍所有关于装潢设计的书籍。他以为自己作出的这些努力可以让母亲高兴，可以与母亲更近一些，但是他没有想到其实自己与母亲还是有一些距离。这不怪他，因为母亲对于他的期望实在是太高了，她不能容忍自己的儿子成为一个流浪的艺术家。

母亲为克里斯汀·迪奥打开了一道通往艺术的大门，他是在母亲的影响下才知道什么是艺术的魅力。绘画、装饰、舞蹈、音乐……这些艺术的精髓让克里斯汀·迪奥感受到了生活中别样的乐趣。母亲在他的心中永远都是花园中除草插花莞尔一笑的高贵女人，那就是他心中完美的女人形象。母亲就像是天边的明月、水中的倒影，永远都是诗意盎然、可望而不可即的美好。

迪奥夫人的葬礼在格朗维尔举行，家人都不希望美丽的她被打扰，所以葬礼很简单，只有家族内部的人员参加。迪奥夫人的墓地很幽静，那是一片铺满鸢尾花的小山坡，有阳光的时候，这一片山坡就像是铺上了一张花朵的地毯，柔软、清新、娇艳的鲜花就像是迪奥夫人生前的脸庞一样，充满了对生活的热切盼望。越过小山坡就是迪奥家的罗经点别墅，小花园的花朵依然开得正好，就像是迪奥夫人没有离开一样。再向远方望去，就是茫茫的大海，三桅船还是忙碌着往返运送货物，巨大的船体激起一层层的海浪，季候风还是一如既往地吹着。

这片墓地是莫里斯·迪奥和克里斯汀·迪奥共同为迪奥夫人选择的，因为他们清楚地知道，迪奥夫人一生都喜欢鲜花，她也希望自己一直长眠于此。墓地的所有细节都是克里斯汀·迪奥亲手设计的。

接下来的时间里，克里斯汀·迪奥完全陷入了阴霾里，画廊的生意交给了雅克·邦金去打理，他沉迷在对母亲的追忆里，双目无神、意识混乱，沉默变成了他唯一的表达方式。朋友们都很担心克里斯汀·迪奥的精神状态，他们为了让他早日走出阴霾，想方设法地来安慰他、鼓励他，甚至他们还结伴陪着克里斯汀·迪奥去观看那些久负盛名的展览会。但是，这些都不能让克里斯汀·迪奥高兴起来，他依然茫然地呆坐着，闪烁的灯光照在他的脸上，有一种朦胧的哀伤和难过。

时间就这样在悲伤中流逝，但是迪奥一家人不知道，这种悲伤还只是一个开始。

1930年末，从美国刮起的经济危机飓风终于登陆了法国，就像是季候风带来的降雨一样，乌云笼罩着整个法国，一场可怕的暴风雨即将降临了。

在国内投资过热和国外经济严重萎缩的双重挤压下，法国的经济很快就崩溃了。与美国的情况相似，法国乌斯特里克银行宣布破产，大部分企业停产，生产力急剧下降，大批银行也随之倒闭，失业者在街头随处可见。经济危机的这一场暴雨飓风终于空降到了法国的上空。

著名的音乐家维吉尔·汤姆逊看着空荡荡的高楼大厦和在街头等待寻找工作的人们，曾叹着气这样写道："在华尔街股票暴跌不到一年的时间里，几乎所有富裕的外国人都离开了巴黎。阿根廷人带走了他们的宝石；英国人卖掉了他们的游艇；美国人打起行李、带着孩子、抛下情人也走了。"

自从妻子去世之后，莫里斯·迪奥就一直没有从沉重的打击中缓过来，因此他也没有精力去打理公司中的事务。事实上，在莫里斯·迪奥看到自己的儿子没有一个能够继承家族事业的时候，他就有意将一些重要的处理决定交给吕西安，他的经济头脑一直支撑着他成为"家族里最富有的人"。但是，有时他太过于自信的理财能力，不一定永远都是正确的。确切地说，如果没有那次错误的投资，也许迪奥一家还可以在这场经济风暴中过着安稳的生活。

早在公司的经营欣欣向荣的时候，莫里斯·迪奥就在巴黎郊区附近买下了大约四千四百平方米的土地，当时他花费了十九万法郎，到1929年的时候，这块地产的价值已经达到了两百万法郎，并且还有继续升值的空间。这一片街区在巴黎以环境幽静而著称，街区内有许多的公园和林荫道。作为一个老练且富有头脑的投资人，莫里斯的决定一定有其很深的用意。

这块地产确实是"一块肥肉"，许多地产商人都在觊觎这块肥肉，并且他们向莫里斯开出的价格一次比一次高，但是莫里斯一直都没有出手，他在心里有着更长远的打算。他想将这块地产上的低矮建筑都彻底地铲除，然后再盖上四座高大豪华的公寓楼，这样他不仅能连本带利地收回自己的投资，还能保证有一笔丰厚的养老金。同时，他的子女们也会每年定时收到一笔不菲的公寓租金，这是他能够为子女做的最长远的投资。

1929年10月，莫里斯决定启动这一浩大的项目，他建立了一家房地产公司，他的三个孩子在这家公司里各占一股，由于资金周转不太灵活，他还卖掉了一些股份的有价证券。当时，经济危机登陆法国已经有了一些预兆，比如股票市场走入低迷，他的股票也有下降的趋势，但是他认为这是证券市场波动的正常表现，没有必要去惊慌，他还决定要等着股票上涨的时候抛售出去。

当时，房产建筑已经开始动工了，他又从一家名为赛卡奈斯的保险公司贷了一笔数目为九百五十万法郎的贷款，这时的莫里斯还是有着满满的自信。他计划着将项目在两年内完成，然后项目交易成功，资金回转，赚钱的时刻就不遥远了。

很多时候，憧憬不一定会变成现实，因为生活充满了太多的不确定因素。我们的失败就在于，我们总是低估了生活的这种不确定因素。

就在莫里斯以为这一切都走向正轨并且畅通无阻地前进时，生活中的阴暗面已经张开了血盆大口，吞噬掉了莫里斯人生中最美丽的两束灯光，他的妻子和事业。

暴风雨总是来得很突然，在人们还没有缓过神的时候，经济危机的乌云席卷了整个巴黎，美国街头的残败景象再一次在巴黎的街头重演，昔日繁华的建筑工地如今空荡地瑟缩在寒风里，轰鸣的机器声也停止了。因为股票跌落得太快，房地产业也变得举步维艰，莫里斯的项目也随之停掉了。赛卡奈斯保险公司为了在风暴来临之前把损失降到最小，收回了所有的贷款项目，并且向公司名单上的所有贷款人索要本金和利息，这其中就有莫里斯·迪奥的名字。

索要债务的信件像雪花一样飞来，莫里斯的那些股票已经跌到低谷，不能兑换成现金来支付贷款所欠下的数额了。更加糟糕的是，莫里斯委托的那个建筑商人是一个骗子，他用假发票悄悄地移走了莫里斯所有的钱，然后溜之大吉了。雪上加霜的窘境让莫里斯陷入了绝望之中，那些纷乱如麻的债务纠纷都找上门来，孤立无援的莫里斯难以应付，他不得不变卖一切家产和股份来填补那个巨大的债务黑洞。今非昔比的境遇让莫里斯彻底地崩溃了，他越发想念着自己的妻子，希望能够像曾经一样得到妻子温柔的安慰。但是，伊人已然远去，任何的幻想都是虚无，看着空荡荡的大房子，莫里斯的心中又有些安慰，至少自己深爱的妻子不用看到这样狼狈不堪的凄凉景象。

显赫一时的公司就这样破产了！

迪奥家族的每位成员此时此刻却有着不一样的表现：莫里斯的大女儿杰奎琳早已嫁到了一户家庭背景良好的人家；二女儿姬奈特搬回格朗维尔去了，虽然那里的房子也被卖掉了，但是他们的家庭教师玛莎小姐依然忠于自己的主人，她为父女俩提供了一所小小的房屋，虽然破旧，却能容身；大儿子雷蒙有了自杀倾向，因为父亲的破产对于他来说是致命的一击，所幸有他妻子玛德琳的管束，他才不至于走向极端，免于沉沦；小儿子伯纳特不为这样混乱的世界所动，他还沉浸在他自己的世界中，天真得就像是一个孩子，什么都不懂，什么都不想知道，不论是股票还是房产，都没有意义。也许对于他来说，这样反而才是最合适的保护吧！

克里斯汀·迪奥依然喜欢逃避，逃避着这个社会带来的那些黑暗，家族公司的破产不是他最关心的事情，他最关心的是家里自己收藏的那些珍贵名画和藏品。他赶着在保险公司给房子贴上封条之前，将家里最有价值的东西如家具、名画、装饰品等都转移到了雅克·邦金的家中。"一个表面上很轻浮、曾经享受优越日子的年轻人在面临逆境时所表现出的那份沉着与冷静"，这是雅克·邦金对好友克里斯汀·迪奥的描述。

巴黎一片混乱，数千名失业的人在街头等待着，只是为了争抢一个雇用职位。不断有公司在大门贴上封条，有人失声痛哭，有人在街头默坐一夜，身边是几个空了的啤酒瓶以及一地散乱的烟头。曾经繁华的街道上，如今变得萧瑟异常，偶尔有汽车驶过，然后又悄然无声地被夜色吞没了。

克里斯汀·迪奥只有一间画廊，他每天都在画廊里看着这些精神食粮来度日，而外面的人都在寻找明天的食物，门口叮当作响的铃铛已经很久没有发出声音了。很久以后，在回忆起这段日子的时候，克里斯汀·迪奥是这样写的：

除了诺阿伊子爵及夫人或大卫·魏尔这样好不容易才出现一次的保护人或艺术爱好者以外，画商们只有以不断降低的价格互相卖画。在那些日子里，画廊里看不到一个人影。

没有可以果腹的食物，谁又会去在乎那些所谓的精神食粮。

一个偶然的机会，克里斯汀·迪奥听说一群建筑师要去苏联考察和学习，这让他顿时又有了生气，他立刻决定要和这些建筑师去那个遥远的国家看看。他一直都对这样一个培育了许多艺术家的远东国度有着强烈的好奇心，他觉得这些艺术家身上的气质就是那个国家社会环境的缩影，就像是浪漫多情的巴黎一样。克里斯汀·迪奥为了这次旅行，甚至还卖掉了家中一些珍贵的路易十四时期的艺术品。然后，他就迫不及待地踏上了去往远东的旅程。

儿时的梦想总是带着朦胧的意味和诱人的香气，偶尔出现在我们的脑海里，一切都显得那样弥足珍贵。即使我们不能准确地定义这样的感觉，但是当它出现的那一刻，我们就知道，这是梦想的召唤。

第三章　初露锋芒

1. 一贫如洗

火车在铁轨上有节奏地奔跑着，那些规律的甚至有些枯燥的咔嗒声，像是为旅行而打起的鼓点，在漫长的旅途中，这样的咔嗒声有时也可以作为一种乐趣。此时的克里斯汀·迪奥没有心情去听这唯一的乐趣，因为他的手中有一封信。

是雅克·邦金写给他的，信中的雅克·邦金用愧疚的语气告诉他，因为经济危机的影响实在是太大了，尽管他已经在很努力地维持了，但是画廊最终也没有坚持到最后。就在克里斯汀·迪奥踏上旅程后的一个星期，雅克·邦金破产了。

看完信件之后，克里斯汀·迪奥长长地叹了一口气，他早就料到了这样的结果，只是没有想到会这样快，他忽然希望这一列开往巴黎的火车能够停下掉转方向，不论去到哪里，只要目的地不是巴黎就好。但这终究只是一个想象，火车还在铁轨上奔跑着，车窗外的田野在阳光里显得生机勃勃，青草好像还是那么绿，河水还是欢快地流淌着，鸟儿振着翅膀飞向了更远的地方，自然界的万物还在无忧无虑地生活着，人类世界的烦恼对它们没有丝毫影响。

克里斯汀·迪奥知道，这一场阴霾应该还要持续很久，他闭了闭眼睛，靠在椅背上，回忆着这一趟旅程的种种。

成为建筑师是克里斯汀·迪奥儿时的一个梦想，用冰冷的钢筋水泥建构起一座极具生命力的建筑，这是很有挑战性的，同时也是富有激情的。据说，在那个时代，能够去莫斯科是每个知识分子所期望的，那是一座历史悠久和具有光荣传统的城市，它还有"第三个罗马"之称。

克里斯汀·迪奥对它的向往已经到了无法自拔的地步，他在听说布尔什维克主义这个词之后，就对共产主义产生了深深的好感，这几乎是当时所有的中产阶级家庭里的人会有的通病。因为共产主义主张的"没有阶级制度、没有国家和政府，并且进行集体生产的社会"，正好符合这些艺术者的流浪思想和无拘无束的行为，再加上当时的资本主义经济危机的迅速蔓延，莫斯科简直就成为了理想主义者的天堂。

当站在莫斯科这座城市的某一处时，克里斯汀·迪奥的情绪从原来的期待变成了吃惊，他原先所设想的热情高涨的革命情绪、浪漫大气的艺术气氛以及大街小巷中的繁华和喧闹，这一切都不存在；相反，这里的人似乎比法国还要贫穷，他们穿着厚重的大衣，走在有些萧瑟的脏乱的街头。这里没有鲜花，没有温和的天气，没有充足的食物，没有华丽的景物，有的只是灰色的砖墙和人们严肃的脸庞。克里斯汀·迪奥站在莫斯科的街头，看着来往的行人，心中的期盼和热情一点一点地冷却了。

冷静下来的克里斯汀·迪奥并没有为幻想破灭而失落，他看着那些辛苦劳作的工人，觉得当时苏联的将来一定会发展得更好。带着这样的想法，克里斯汀·迪奥踏上了归途。但是他没有立刻回到法国，反而是在沿途停留了很多地方，看到了君士坦丁堡的宏伟与壮丽、佛罗伦萨浓郁的文艺复兴气息、地中海沿岸清新明快的建筑风格，这一切都让克里斯汀·迪奥着迷不已。他沉醉在那些缤纷的色彩中，现实中的一切都好像与他无关，他与

迪奥传

061

生俱来的"逃避"心理此刻又占了上风，他在旅途中长久地到处停留，就是为了不回到巴黎去面对萧条的环境和琐事。他以为，只要没回到巴黎，那些烦乱世俗就像被藏在真空包装里的食物一样，永远都被包裹得严严实实，不会透露分毫。

火车拉响了长长的汽笛声，将还沉浸在思绪中的克里斯汀·迪奥拉了回来。现实与想象总会有一些差别，当他行走到马赛的时候，雅克·邦金的一封信彻底将巴黎的现实又推到了他的面前，他知道自己即将开始通向黑夜尽头的航行！

有人说这场经济危机就像是一种可怕的"传染病"，每个人都不能幸免。克里斯汀·迪奥在这场"传染病"里，懂得了许多以前从不明白的事情，同时他也知道更多关于责任的意义。

回到巴黎之后，克里斯汀·迪奥先去见了雅克·邦金，这一对老朋友如今就要分出资产，然后分道扬镳。克里斯汀·迪奥更珍重的是友情，所以他没有锱铢必较，这让雅克·邦金深为感动。他知道，克里斯汀·迪奥现在在巴黎已经是孑然一身，什么都没有了：家族的几处房子都被拍卖抵债了，他的父亲莫里斯在小女儿的陪同下回到了格朗维尔的别墅去了，公司倒闭，画廊破产……没有了家人的陪伴，一切都只能靠克里斯汀·迪奥自己了。

雅克·邦金还准备邀请他到自己的家中暂住，但克里斯汀·迪奥却微笑着拒绝了。他只是每周到雅克·邦金家中吃一顿晚饭，和邦金夫妇畅谈一下艺术，朋友们还会合弹几首曲子，度过一段惬意的时光。并且，克里斯汀·迪奥每次到来都会给他的教女带一份小礼物。

熟悉的朋友们依然很关心克里斯汀·迪奥，看到陷入困境的他，都会出手相助，但是克里斯汀·迪奥依然有些拘谨和害羞。有时，他会到朋友家里坐一坐，但是他绝对不会表现出身处困境时的烦躁或者饥饿，尽管有时他真的已经一整天都没有吃东西了。

克里斯汀·迪奥不是没想过回到格朗维尔，但是他知道，在这个时候，他是家里唯一的经济支柱，他必须要赚钱养家糊口。巴黎虽然经济萧条，但这是唯一能够有机会获得工作的地方了。此刻的他知道了什么是责任，但是他唯一会的就只有音乐和绘画，而这在当时的社会，绝对不是一个能得到工作的好技能。

画廊倒闭的时候还有一部分画作被寄放在皮埃尔·科勒的画廊里，这家画廊位于康巴塞纳大街，而皮埃尔·科勒是一位超现实主义的忠实追求者，他与克里斯汀·迪奥和雅克·邦金是多年的挚友。这几位好朋友甚至在1929年还举办过一场展览，并因此结下了终生的友谊。皮埃尔·科勒也向克里斯汀·迪奥伸出了援助之手，两个人继续经营着画廊的生意。

克里斯汀·迪奥坐在新店中，他希望能够再多卖几幅画，以此来保证自己和家人的温饱，但他并不是一个因为现实就会放弃梦想的人。尽管生意难做，而且一直处于亏损的状态，但他和狂热追求现实主义的皮埃尔还是准备办一场"超现实主义或者抽象派的画展"，这样的想法已经超出了只是简单地想要卖画的范围。对于这样的艺术家来说，在这样的困境下，办一次画展就是对于艺术最好的告慰。但是，这样的代价也是让两人哭笑不得的，因为这吓跑了画廊里最后一批能买得起画的客人。

克里斯汀·迪奥对这一段黑色记忆有着太多的感慨："那段时期是我二十多年以来过得最艰难的日子。"从小在良好的家庭背景中成长，不用为金钱发愁，不用为生计奔波的时光已经过去了，这位纨绔子弟终于体会到了什么是艰难，什么是辛酸。当他背起用布袋装着的几幅名画去曾经的富人区挨家挨户地上门推销时，他已经放下了作为艺术家的高傲和自尊，他也不觉得自己是画廊的老板。因为，他要亲力亲为地做许许多多的工作，这是曾经拥有繁华生活的他不曾想过的，那时的纸醉金迷、灯红酒绿早已今非昔比。

那些昔日的富人虽然穿着奢华，但是口袋中的钱已经不允许他们再去附庸风雅，更何况，他们中的很多人根本不是真正懂得艺术的真谛。所以，这个方法也不能带来什么可观的收入！

生活总是教会我们一些东西、一些感悟，很多时候，书本上的哲理并不能让我们记忆深刻，只有在真正地经历过之后，我们才能感同身受。

当克里斯汀·迪奥啃着面包喝着白开水，看着画廊里以原来一半的价格甚至是四分之一价格标价的画作，即使是这样，这些漂亮的艺术品还是卖不出去。而他的口袋里却塞满了马上就要支付的账单。

二十七岁的克里斯汀·迪奥好像在一夜之间成熟了。他在这一场暴风骤雨中看到了自己从来都不曾注意过的东西，虽然他还是用一种艺术的眼光去观察这个世界，但是这其中还掺杂了些对于人生的感悟。每个人在经历一些灾难之后，会找到一个词汇来概括那个时期发生的所有故事。克里斯汀·迪奥经受着一贫如洗的困苦，但是他没有因此而意志沉沦，他坚守着梦想，坚信着总会有一天，希望就会像是沉睡在地下的种子，经过一整个冬天的历练，一定会在春风里得意地微笑！

2. 第一桶金

五月的气候已经完全脱去了寒冷的阴霾，回暖的空气里散发着一种慵懒的气息。蓝天下的埃菲尔铁塔显得更加灿烂夺目，熠熠生辉；塞纳河畔停泊着几只小船，柔软的水草在河底自由地舞动，就像是一群美丽的精灵，水鸟大声地欢唱，奏响了一曲五月的春之歌。街道上三三两两的行人，带着平和的表情感受着大自然的清新气息。

经济危机的阴霾似乎在这个春天减轻了许多，人们都从茫然无措中苏醒，开始积极地为生活而奋斗。好像就是因为这散发着勃勃生气的五月，让每个人都感受到了生命的鼓舞！

克里斯汀·迪奥的生活还是老样子，没有什么固定的收入，却依然对艺术充满了执著。但是有一件事让克里斯汀·迪奥很高兴，不论时局好坏，他和朋友们还可以在一起相聚。

"屋顶之牛"酒吧一如既往地还是他们的固定聚会场所。虽然这家酒吧也没有逃过被经济危机拖垮的命运，但是店主毅然决然地将店铺搬迁到了庞迪艾佛尔大街一座被废弃的小屋中。曾经的客人都跟随着一同来到这里聚会，店主还是一如既往地尊重和关怀自己的客人，就像是对待亲人一样，并且还表现出了绝对的慷慨。在那样一个经济萧条的时代里，这是很难的！而且，店主为了尽量保持"屋顶之牛"的原貌，他还将酒吧旧址中的一些"充满活力和生机的东西"搬到了这座小屋中，这对于那些尚有一些余钱的顾客来说是很理想的。

只要有一点闲钱，克里斯汀·迪奥就会和大家聚在这里，放上一张旧唱片，或者是几个人在那台破旧的钢琴边合奏一曲，表演几段哑剧，再乘兴喝上几杯。这样一直闹到凌晨时分，大家再各自散去。

如果不是画廊的生意惨淡，口袋里没有多余的钱，克里斯汀·迪奥觉得这几乎和从前的日子没什么差别。每当他在画廊里一连几天等待客人已经没有了耐心的时候，他就会和马塞尔·赫朗、莫里斯·萨克斯等人去"屋顶之牛"喝几杯，或者到罗香波旅馆中去消耗几小时的时光。值得一提的是，罗香波旅馆和乌拉蒙旅馆是当时很出名的地方，因为这里可以随便赊购。这为克里斯汀·迪奥和他的朋友们提供了一个好去处，他们都没有太多的钱来举行聚会，这里的宽松似乎可以让他们的相聚更加心安理得一些。莫里斯·萨克斯还提议：不管发生了什么事，大家都不要付钱，这一提议还得到了大家的一致响应。可能在这些年轻人的心里，越是绝望就越要做出一些刺激的事情来，免得被生活的困苦压得太过于麻木。

但是，快乐总是短暂的，不管克里斯汀·迪奥和朋友们玩得有多么开心，这毕竟不能替代真实的生活，不能让他们逃避现实的萧条和冷漠。当再一次在凌晨时分走出那间温暖的小屋子，克里斯汀·迪奥回头望了望已经远去的朋友们的背影，心中的酸楚和失落借着酒精扩散到了全身，下一次再见还不知道会在什么时候，然而聚会之后的空虚已经越来越清晰了。他看着冷清的街头和黑暗的夜晚，忽然很希望这个夜晚永远都不要结束，因为他实在是不知道该怎么去面对明天的太阳。

"一旦聚会结束，那种空虚寂寞便令人难以忍受。"站在酒吧的门口，克里斯汀·迪奥喃喃地说着这句话，然后又苦笑着摇了摇头走开了。巴黎的夜色还是那样朦胧，微风吹着酒吧的招牌，一切都好像和从前一样，但是又不一样。

雨果说过："艺术的大道上荆棘丛生，这也是好事，常人都望而生畏，只有意志坚强的人例外。"

克里斯汀·迪奥正在这条布满荆棘的艺术之路上行走，他不知道前面还有什么在等着他，但是他都勇敢地去接受。

饥寒交迫的生活让克里斯汀·迪奥的身体变得越来越虚弱，长期酗酒、食不果腹、缺少睡眠，这几种因素叠加在一起，让克里斯汀·迪奥形销骨立。他觉得自己的肺就像是一个破风箱一样，胸腔因为呼吸而疼痛，走几步路就会咳嗽个不停。他吃了一些治疗咳嗽的药物，但都无济于事，胸腔的疼痛让他彻夜难眠。后来，剧烈的疼痛让他不得不去看医生，在经过仔细地检查之后，医生告诉克里斯汀·迪奥，他很不幸地得了严重的肺结核，如果不换一个安静的环境修养治疗的话，那么最坏的结果就是死亡。

这无异于晴天霹雳，更何况他还处在举步维艰、身无分文的境地，家人也不能给他更多的帮助，因为他们也自顾不暇。而且，克里斯汀·迪奥也叮嘱过朋友们不要把这个消息告诉他的家人。

在这样的时刻，朋友的价值就体现出来了，而克里斯汀·迪奥也是越到困境越会有朋友帮助。这一次他又得到了更多的关心和安慰，朋友们凑钱为克里斯汀·迪奥承担了医疗费用。

他先到比利牛斯山的一家疗养院住了一段时间，这座疗养院是建筑在半山腰上的，空气清新、景色宜人。这样的环境让他的身体恢复了许多，再加上服用许多对治疗肺结核有帮助的药物，他的病情得到了有效的缓解。然后他又去了伊比扎的芭乐里克岛，因为这里的消费水平要比在巴黎低得多，而且这里的气候和阳光更适合需要静养的肺结核病人。

芭乐里克岛有很多的美景，清晨的阳光从窗户照射进屋子，洁白的窗帘和床单显得周围的一切都是那么自然和纯净。院子里的小花园种着美丽的花草，到处都是让人赏心悦目的植物，白色的长椅静静地站立在树木中，就像是一只温柔的绵羊。距离岛屿不远就是海滩，金黄色的海沙在阳光下更显得耀眼，海浪声不是很大，却让人有了诗意的想象。

住在疗养院的这段日子，克里斯汀·迪奥第一次去面对自己的内心，安宁的环境让他的身心都平静下来了。封闭的环境让他有了一点点的孤独感，这里没有人跟他谈论艺术。于是，他开始审视自己的过去，没有了身边朋友们的光环，他内心的艺术构想有如一处源头，开始想要奔淌成涌动的江河。

他回忆起那段生活时这样感叹道："在这种远离巴黎的退隐生活里，我发现一种新的欲望，即创造出某种属于自己的东西。"

在芭乐里克岛上，安静的生活让克里斯汀·迪奥有些不适应。于是，为了打发时间，他在岛上开始闲逛，每一条街道、每一家店铺，他都会仔细地去品味一番，感受一下在巴黎感受不到的惬意时光。不过，他去得次数最多的地方就是当地的手工艺品店铺。某一天，当他一如既往地走进一家手工艺品店时，他被一幅手工制作的工艺挂毯深深地吸引了，那上面优美的图案就像是一首美丽的韵文，很有民俗的风情。他细细地打量着这幅挂毯，一种新的感受在克里斯汀·迪奥的脑海里不断地涌现。他想起了自己小时候热爱的手工剪裁，他觉得自己的梦想好像有那么一点眉目了。

他开始细心地研究起了那些针织的挂毯工艺，他对针织品和布匹的兴趣被唤起了，还兴致勃勃地跑去制作挂毯的作坊里，跟手工艺师父学习制作挂毯的技术。这时他才发现，原来自己对于用针缝制布匹还是那样的娴熟。不过这也没什么好惊奇的，他曾经就用针缝制过许许多多的道具服装，这样深刻的记忆一直潜伏在他的脑海里，只是他没有去发掘而已。

艺术的激情在他的身体里生发出来，并且不断地壮大，他每天都会有新的构想、新的思路。那些新颖的、时尚的挂毯图案都在鲜活地跳跃着，他将脑海中的这些图案都"印"在挂毯上，而且这其中的某些作品在店里的销量很好。这些都让他用极大的热情去全身心地投入到这一个嗜好中，他甚至还想开一家挂毯作坊，却苦于没有资金，并且当地的挂毯作坊已经呈现饱和状态，他才放弃了这个想法。但是，纵观他的一生，这段日子只是一个导火索，因为它打开了克里斯汀封闭已久的技艺，挖掘出了很久之前被忽略的才能。

结束休养的克里斯汀·迪奥回到了巴黎，他的精神比原来好了许多，而且在这段日子里，他对于自己的人生也作了一次总结。他知道自己不能再回到以前的玩乐状态了，他也不能再把自己放纵在酒精里，他要担起那些属于他的责任，因为家人都指望着他养家糊口，他不能再像以前一样逃避，他要去工作。

找工作的确不是一件轻松的事情，克里斯汀·迪奥不放过任何一个机会。他曾经非常不理解街头上排着长队只为等待一个工作机会的人们，但是现在他懂得了，因为生活就是这样的，想要填饱肚子就要努力地去争取机会，哪怕只有万分之一的机会。

一开始，克里斯汀·迪奥以为自己可以轻松地获得银行或者是办公室的职位，但是后来他发现自己错了，巴黎的各大公司都在大规模地裁员而不是招人。于是，他降低了标准，只要是能够赚钱，无论什么样的工作岗位他都要去试一试。可是，他揣着求职信，从一个地方转到另一个地方，听到最多的话语就是"对不起，我们不需要人了！"到最后，他都没有勇气去敲开那些办公室的门了，因为他听到的拒绝已经太多太多了。那些冰冷的面孔告诉他的也只有一个信息：你在这里不会有什么收获的。偶尔，他会找到一些临时工做的辛苦活，但是这根本不能解决他面临的窘境。

幸亏还有那些老朋友能够在晚上为他提供一个床铺，好让他不至于露宿街头，这已经让他很感激了。因为朋友们的鼓励，他才能在每天清晨精神抖擞地走出门去，走到报摊买一张求职的报纸，看看"空职缺位"，然后基本上就会迎接一天的打击。正如亨利·索格说的一样："不幸没有使他成为一个可怜的人，它实际上教会了他许多东西。"

某一天，克里斯汀·迪奥像往常一样出门找工作，他走到了一家公司门前，他没有看见牌匾上写着著名时装设计师吕西安·科隆的名字，那里正好缺一个职位。当他满心欢喜地想要向对方陈述自己的一些状况时，对方在得知他不是裁缝时就冷冷地说："对不起，你不是我们要找的人！"还没等他说话，办公室的门就已经冷漠地关上了。

克里斯汀·迪奥垂头丧气地走出来，他不知道为什么自己不能当服装设计师，就因为自己不是裁缝？但是他们都没看到自己能够用针缝制出很多的衣物。这些人连一个机会都不愿意给，是什么让他们如此傲慢？难道他们就非常适合做服装设计师吗？为什么自己的人生就要经受这么多的挫折和沮丧，到底什么时候我才能当上服装设计师？他从这一条街走到另一条街，他甚至都不知道自己要去哪里，他的思绪都被刚才的事情占据了。

"服装设计师……服装设计师……"克里斯汀·迪奥反复地说着这几个字，他的脑海里有什么东西突然闪闪发亮，接着就好像是童话里城堡的大门被缓缓推开一样，那些陈旧的童年记忆纷至沓来：漂亮的水手服、彩带、装饰物和鲜花，那些被悉心装扮的花车，还有华丽的化装舞会……这些都是他儿时最美好的追求，为什么现在不能重新把它们带回到自己的身边，然后就像小时候那样，用全身心的热情去做一位服装设计师？

想到这里，迪奥几乎要跳起来："我就是要当服装设计师！"他为自己的想法感到骄傲，他跑到大街上，想要马上跑回家，一辆车差点儿撞到他，吓出一身冷汗的司机摇下车窗向他咒骂："白痴，你不知道要看路吗？"他的脑海中全是服装设计师这几个字，他完全不顾司机的气愤，几乎是条件反射地说："对对，我是……"

兴奋的克里斯汀·迪奥没有注意到身边的一切，他沉浸在自己的想象中。他要成为一名服装设计师，就像小时候那样把那些图案用服装生动地表现出来，在袖口加一些花纹，在帽子上加一根带子，为宽大的裙子加一个腰带……他甚至已经看到了自己的未来：人们都上门来拜访他，就是希望他能够帮忙做一件适合自己的服装，而他则是优雅地拿着工具为客人们量身定做服装；又或者，镁光灯聚焦在舞台上，模特们穿着自己亲自设计的时装走来走去，台下的观众们都在呼喊着自己的名字——克里斯汀·迪奥。

"好吧，就是它了。"这是克里斯汀·迪奥站在大街上喊出的宣言。从这一刻开始，那些空缺职位、那些冷漠的面孔、那些让人难以忍受的辛苦工作都烟消云散，他完全地抛开了那些沮丧和失落，走进了一段新的人生！

迪奥将自己的想法告诉了朋友们，朋友们都为他感到高兴，并且给予了他很多的鼓励。于是，他开始着手准备自己将要进行的工作。

迪奥将自己收藏的一幅画作《巴黎景色》拿出来拍卖，这是时装设计师保尔·普瓦雷曾经用来装饰楼船的装饰品，后来保尔破产之后卖给他的。现在，克里斯汀·迪奥要给这幅画找下一位主人了。有一位画廊的老顾客听说了这件事，用一个相当可观的价钱买走了这幅画。克里斯汀·迪奥拿到钱之后，马上拿出三分之二给自己的父亲和妹妹寄了过去，他自己只留下了很少的一部分，因为他知道自己肯定还会挣更多的钱。现在，他开始寻找如何能够进入或者接近时装设计这个领域。

凑巧的是，迪奥有一位名叫克里斯汀·贝拉尔的朋友，他有一个表弟叫让·奥泽恩，奥泽恩的工作就是时装插画师。克里斯汀·贝拉尔将让·奥泽恩介绍给克里斯汀·迪奥。而且，让·奥泽恩在听说克里斯汀·迪奥没有住所之后，还热情地邀请克里斯汀与自己同住，他的家就在塞纳河畔亨利四世滨河路，不远处就是先贤祠。

克里斯汀·迪奥非常高兴，他觉得这简直是自己人生的一大转折点了，认识了让·奥泽恩不仅可以解决住房问题，还为他向让·奥泽恩近距离地学习绘图提供了便利的条件。让·奥泽恩也是一位非常著名而且有才华的设计师，他的设计图有很多公司争相购买。他可以在绘图方面好好指点克里斯汀·迪奥一下。

克里斯汀·迪奥搬进了让·奥泽恩的小公寓，他告诉自己，这就是梦想开始的地方。勤奋的让·奥泽恩每天都有很多的工作，这为克里斯汀·迪奥提供了很多观察的机会，但是他知道仅仅是靠观察还不够，他必须要亲自动手创造；要掌握绘图的透视技巧和比例；要学会怎样把画笔运用自如；要学会搭配和运用色彩……迪奥坐在房间里，不停地在纸上画着各种各样的图案，不满意的都被他揉成一团扔到了地上。他就坐在那里，不停地画、不停地设计，心中的艺术激情就像是火焰一样，不停地燃烧着，最后变化出成熟的设计样式来。后来，他又用碎小的布片做出设计的服装模型，这让让·奥泽恩惊叹不已。

有一天，当克里斯汀·迪奥又坐在桌前设计的时候，下班回来的让·奥泽恩带着一副凯旋的样子，笑嘻嘻地看着他。他告诉克里斯汀·迪奥有一个天大的好消息，他将克里斯汀·迪奥的六张设计图卖了一百二十法郎。

听到这个消息的时候，克里斯汀·迪奥简直不敢相信自己的耳朵，他先是呆呆地望了让·奥泽恩一会儿，然后缓过神后跳起来抱住了自己的朋友。两个人在房间里笑了好久，克里斯汀·迪奥第一次感觉到自己的力量是如此伟大。迪奥日后回忆这段经历感叹道："这是我用自己的双手真正挣到的第一笔钱。我惊喜不已。那一百二十法郎是一位关心我、忠心于我的朋友带来的，它们就像漫漫长夜后的第一束阳光。它们将决定我的前程。我现在仍然能看见它们在闪光！"

第一笔设计的收入让克里斯汀·迪奥受到了鼓舞，他知道，自己的艺术道路上已经冉冉地升起了一颗希望的太阳！

3. 小有名气

1935年的法国已经开始从经济危机的浪潮中缓过来了，一些工厂已经恢复了生产。失业率也下降了许多，社会生产带动了其他产业的复苏，这其中，恢复最快的就是巴黎的时装业。

有了第一笔收入的鼓励，三十岁的克里斯汀·迪奥更加坚定了投身服装设计行业的信心，为了能够更加安心地工作，他决定到普罗旺斯去，他的家人都在那里。父亲、妹妹还有玛莎小姐，因为穷困不得不将格朗维尔的房子也卖掉了，他们辗转来到普罗旺斯，寻找到了一处小房子，一家人都靠着克里斯汀·迪奥生活。所幸，即使在那样艰难的日子里，玛莎小姐都没有抛弃自己的主人，始终不离不弃地照顾着这一家人，这让克里斯汀·迪奥非常感激。

普罗旺斯是法国南部的一座城市，这里因为紫色的薰衣草和美味的红酒而出名，在文人的笔下，它已经不仅仅代表着一个地方，更代表着一种慵懒惬意的生活方式。整个普罗旺斯地区还有着不同寻常的魅力，天空有时阴晴不定，海边的礁石粗犷、棱角分明，蜿蜒的山脉延伸到海里，还有那些高山峡谷、小溪江河、威严的古堡、宁静的街道，七八月间的薰衣草铺满了原野，紫色和新绿交织，阳光也来这里赖着不走，各种各样的景色混合在一起，让普罗旺斯散发出一种原始的风情。

迪奥一家就在可利安小镇，这是一个典型的法国小乡村，克里斯汀·迪奥来到这里，让家人都很高兴。来到小镇之后，克里斯汀·迪奥就坐在桌旁拿着纸笔继续做他的设计，往往一坐就是好几个小时，不停地勾勒、不停地描画，设计出图案之后，又忙着找来材料做成实物模型。家人们都不明白克里斯汀·迪奥做的这份工作的意义，因为以前的克里斯汀·迪奥绝对不会这样，但是他们也会感到很欣慰，他们知道他已经成长了。

克里斯汀·迪奥就这样不知不觉地在可利安工作了两个多月，但是设计的灵感依然源源不断。最开始，他将自己脑海中早就存在的设计图案流畅地画出来，然后再反复地斟酌一遍。有的时候，他会将不理想的设计图撕掉再重新画，他不断地对比、不断地摸索、不断地将自己的作品改得更加完善。他在这些设计图里终于明白了自己一直以来的艺术追求是什么，原来在他儿时就已经将这些美丽的图案和花纹深深地印刻在记忆里，它们一直都埋藏在他的脑海里，只是在成长的过程中让他忘记了，现在他又找回了自己，找回了曾经熟悉的嗜好。

两个月之后，克里斯汀·迪奥带着自己的设计图重新回到了巴黎。创作阶段已经结束，他需要有人来与他分享这些设计图，需要有人来对他的设计图提一些建议或者批评。于是，他开始在这座依然时尚的城市尽情展现才华。

克里斯汀·迪奥带着劳动的果实去见他的朋友们，还有那些在时尚界具有一定威望的人。比如《时尚》杂志的主编米歇尔·布伦霍夫和时装设计师乔治·佛罗伊，他们对他的设计作品赞不绝口，同时也给出了最真诚的批评和建议。克里斯汀·迪奥将这些建议都详细地记录下来，他就像是一个好学的小学生，对于老师的教诲总是认真地去执行。于是，他将自己的设计又作了整体的修改。

事实证明，这的确让他更加进步了，他的设计图受到很多人的喜欢。而且在他的设计中，帽子比服装更加热销，著名的帽商克洛德·圣·西尔将他的设计都买走了，就是为了不让别人也有这些设计样式。这是一个好的开始，在这之后，他设计的服装也开始有销路了，巴黎的那些大公司如巴伦西亚加、帕图、尼娜·里奇、夏帕瑞丽等都来订购他的设计，甚至有的时候，他们是在抢购。于是，克里斯汀·迪奥就这样在巴黎的服装界声名鹊起了。

新的职业带来了稳定的收入，克里斯汀·迪奥先是给父亲和妹妹那里寄去了一大笔钱。然后，他准备换一套公寓，他早就从让·奥泽恩那里搬出来了，现在暂时住在波旁王宫旁边广场上的一家小旅馆里。但是，他想把自己工作的地方和卧室分开，更重要的是，他现在的住处没有可以用来招待客人的客厅。

有一天，当克里斯汀·迪奥在散步的时候，他看见了王室大街10号的公寓正在出租。他进去之后发现这完全是他理想中的房子：一共有五个房间，阳光可以很好地照进房间，还有宽大的窗户，可以看见外面繁华的景色。尽管要爬三层楼梯，而且租金是一年八千法郎，克里斯汀·迪奥还是毫不犹豫地把它租了下来。

装修房子是一件很费精力的事情，尤其是在选购家具和装饰品的时候，需要注意搭配和色彩，但是对于克里斯汀·迪奥来说，这根本就是小事一桩。好朋友克里斯汀·贝拉尔陪着他去寻找中意的家具，几乎是跑遍了巴黎所有的古董店和工艺品店铺，才将这所房子装饰得接近于完美，就像是一个在格朗维尔的微型老房子。克里斯汀·迪奥十分高兴，他又过上了原来那种富贵的生活。有一份好工作，身边还有很多的朋友，定时地给家人寄去生活费，承担着养家的重担……这些就是快乐。

此时的巴黎已经完全走出了经济危机的阴霾，人们都找到了新的工作，开始了新的生活，而巴黎的时尚界又即将刮起新的时尚旋风，克里斯汀·迪奥也在这个时候遇见了对他的事业有着重要影响的一个人。

罗伯特·皮盖也是一位著名的服装设计师，他的老朋友乔治·杰弗朗总是向他提起自己的邻居，一位名叫克里斯汀·迪奥的天才设计师。乔治总是说："哦，你真的应该去看看那个天才，他的设计绝对有你意想不到的惊喜！"皮盖按照乔治说的地址，找到了这位"天才"。就这样，克里斯汀·迪奥被皮盖邀请到了自己的公司。

在这里，克里斯汀·迪奥发现自己的能力一下子就被提升了，以前他的设计还停留在模仿的阶段。但是，随着皮盖对他指导过几次之后，他就能很好地将自己的天分释放出来。甚至一段时间之后，皮盖发现这个插画师已经迅速地成长为一名才华横溢的设计师，就像是他所需要的真正的"迪奥"一样。而克里斯汀·迪奥也在成长为独一无二的"迪奥"，他为皮盖的服装展览会设计的几套服装也被大加赞赏，其中有一件被称为"英吉利咖啡"的连衣裙，他是受一部经典的儿童文学作品——《模范小姑娘》的启发而设计出来的：女孩子们穿着的服装领子是圆形的，袖口很窄小,裙摆却很大,上面还有英国刺绣。这样的服装在舞台上一亮相,立刻就引起了观众们的惊呼,尤其是那些女士,她们觉得这件服装简直就跟自己儿时的梦境中看见的是一样的!观众们掌声雷动,经久不息。

这一次的服装展览好评如潮,而克里斯汀·迪奥直接被提升为皮盖服装公司的首席设计师。

这个时候的克里斯汀·迪奥已经不是当初那个到处碰壁的插画师了,他已经退去了青涩和浮躁,他不再躲在别人的光环之下,不再靠着模仿别人的设计而赚取生活费了。他可以运用自如地将自己的想法和艺术构想流畅地表达出来,他在努力成为真正的"迪奥",他甚至已经不满足于只用图案和花纹来表达他的设计理念,他还兼任了《费加罗报》和《时尚》杂志的专栏投稿人,他可以用很多种方式来表达对时尚的理解和剖析,就像是他自己说的那样:

"我已经度过了我的学徒期。"

当迪奥的名字出现在时尚界并引起关注的时候,他是这样告诉自己的!当他的作品出现在舞台上,被美丽的镁光灯照耀得闪烁夺目的时候,他是这样告诉整个世界的!

梦想之花已经开始绽放,这一时刻,他等了很久,但是,他也知道,梦想一旦绽放,就会持久地灿烂下去!即使经受着风霜雨雪,那也是艺术高傲的风骨!

第四章　进军时装界

1. 兵役岁月

通往艺术的道路总会布满荆棘，但是穿越过这些难行的路途，前方就是一片美丽的风景。

很显然，克里斯汀·迪奥已经走过了荆棘之路，来到了向往已久的艺术殿堂。

成为首席设计师之后，克里斯汀·迪奥的工作量剧增。而且，皮盖在生活中是一位好朋友，在工作上就变成了一位严厉的老板，他的苛刻和认真让克里斯汀·迪奥受益匪浅。

在服装展览会后不久，一场由巴黎上层的名流玛丽·路易斯·布斯格发起组织的宴会举行了，而克里斯汀·迪奥作为特约嘉宾出席宴会，他的朋友克里斯汀·布拉德也在邀请之列。事实上，从克里斯汀·迪奥成名之后，他的光环就已经盖过了身边的一些朋友，但是这些朋友并没有因此而忌妒，反而更加积极地为克里斯汀·迪奥宣传他的天赋。因此，克里斯汀·布拉德也在向布斯格介绍着克里斯汀·迪奥，他无比自豪地对布斯格说："这位极具天赋的克里斯汀·迪奥先生，就是'英吉利咖啡'连衣裙的设计师！"布斯格热情地握住克里斯汀·迪奥的手，由衷地称赞说："您就是时装界一颗冉冉升起的新星！"随后，布斯格又把克里斯汀·迪奥介绍给了自己的老朋友——《哈珀芭莎》杂志主编卡梅尔·思诺。

对于卡梅尔·思诺，克里斯汀·迪奥久仰她的大名，只是苦于没有机会相见，这次的引荐让克里斯汀·迪奥非常欣喜，而卡梅尔在得知他就是那位极具天赋的设计师时，也是非常高兴。她邀请他为她的杂志画一些插画，克里斯汀·迪奥欣然应允。这对于他来说，艺术殿堂的大门已经正式向他敞开了。

1939年，克里斯汀·迪奥又应邀为马塞尔·赫兰当时非常著名的话剧《造谣学校》设计服装和道具。当女主角奥黛特·约依艾在第二幕剧穿着宽大的红黑两色相间的连衣裙出现时，台下的观众都被这件美丽的衣服深深地吸引了。

《造谣学校》的服装导演邓妮思是这样回忆克里斯汀·迪奥所作出的设计贡献的，"他设计的服装都有一种滑稽感。帽子被夸张化了，很大，有上翻的帽边。他对色彩的运用也颇新奇，明亮晶莹有如英国的酸味糖果。这位年轻的设计师工作时的那种兴趣和认真劲儿给我留下特别深刻的印象。这家伙细致周到，向别人讲解时，说得简明扼要，让人无懈可击。"这样的完美效果是邓妮思所期望的。于是，几年之后，她又邀请克里斯汀·迪奥为自己的丈夫导演的电影《圆柱床》设计服装。

一切都是那样顺理成章，巴黎恢复了以往的生活，上层社会的人们又将昔日的舞会、沙龙重新举行了起来。大街小巷的人们都没有了那种阴霾的脸庞，就连总是下雨的巴黎似乎也得到了解放一样，天空格外晴朗，所有的建筑都散发出轻松的光彩。

但是，有的时候，历史的前进不会留给我们更多的思考，因为越平静的事物，就越会隐藏着剧烈的风暴。

由于经济危机在全世界范围内扩散，而德国是经济危机冲击最为严重的国家，统治阶级开始倾向于建立一个独裁统治政府，去打破内忧外困的局面。这时，希特勒带着他的纳粹党走上了政治舞台，随后他又联合了意大利、日本结盟成为法西斯势力，加之英美等国家的纵容，法西斯国家的侵略气焰更嚣张。

1939年9月，德国忽然集中了强大的兵力向波兰发起攻击。虽然波兰人民奋起抵抗，但是由于他们落后的武器和陈旧的战略战术，以致节节败退，国土大面积丧失。

当时，英国在德国发动袭击之后，几次向德国发出停止攻击的通牒，法国也几次向德国发出"最后通牒"，而德国始终对这样的通牒不理不睬，于是，英法对德宣战，第二次世界大战全面爆发。

当战火熊熊燃烧着向全世界扩散的时候，克里斯汀·迪奥和他的朋友正在度假胜地威乐维尔的海边度假。蓝天白云，海浪沙滩，每年来这里度假的人很多，有人在追逐着海浪兴奋得像个小孩，有人在沙滩上晒着惬意的日光浴，而克里斯汀·迪奥刚刚游完泳，围着白色的浴巾看着雅克·邦金和家人玩着沙滩软皮球，一切都显得很祥和。

突然，教堂的钟声响起来了，所有人都停下了动作，望向教堂的方向，他们的脸庞都出现了一种隐隐的不安。时间好像一下子凝固了，就像是电影中的定格，那一瞬间的静止就代表某种可怕局面的降临。

不仅仅是威乐维尔，全国各地的钟声都在这一时刻响彻云霄，所有的快乐和幸福在这一刻变成了过去。人们争先恐后地跑回屋子里，桌上的收音机宣告着战争已经开始，和平安宁的周末被阴云笼罩。并且人们知道，这一大片乌云不知道何时会散去，流离失所、炮火硝烟、亲人离别……这样的伤痛又要上演了，什么梦想、什么计划、什么希望全都被威乐维尔的钟声敲散了。随后，政府又发出了通知：所有正值服兵役年龄的甚至五十岁以下曾经服过兵役的男人都要被征召入伍。

克里斯汀·迪奥看着威乐维尔的海滩，不知道这一片宁静的环境什么时候还能再看到，他和朋友们要马上回到巴黎去，儿时的玩伴此刻都要一同入伍，只有马克思·雅各超过了服役的年龄留了下来。大家都不知道将要被编入什么样的队伍，但是他们都知道，进入部队就意味着在这场战争中只会有两个结局：要么战死，要么凯旋。

即使是英法对德宣战之后，英法也没有采取什么实质性的行动，绥靖政策依然在实行，而法西斯的攻势依然不减，波兰全国孤军奋战，直到全部覆灭。

克里斯汀·迪奥所在的部队属于非战区的第二后备团，他们被派往西格佛里德去进行"农役"，这是一种"农耕责任制"的代指，就是安排士兵去帮那些因为丈夫、儿子去当兵而没有劳作能力的妇人和老人干农活。这种工作在最开始的"假战争"阶段也是十分有趣的。

战争刚刚开始的半年里，英法一次都没有对德国展开主动进攻，边境线的士兵们只是静静地坐在那里，或者大家都在放声高歌，所有人都称之为"假战争"，历史称它为"静坐的战争"。

政府还在强调着士兵们一定要刻苦训练，而克里斯汀·迪奥早就厌烦了这种陈词滥调，他更喜欢到田野中去帮助农民忙碌农活，那些绿色植物让他感觉到生命的真实。而且，因为是农忙时期，部队长官特许这些士兵可以不用回到军营，就直接住在农户的家里。

在忙乱的战争中还能有这样的平静生活，这是克里斯汀·迪奥先前没有想到的，每天清晨起床吃过早餐之后就到田地里开始了一天的劳作，然后到夕阳西下的时候再回到农户家里。当克里斯汀·迪奥嗅着泥土的清香，看着头上的太阳缓缓地移动的时候，他感觉到了从未有过的踏实和安详，他真实地感受到了自己的内心，他喜欢这样的平静和自然。

战争不是电影，没有那么多预定的剧情让人们去看，就在所有的人都以为这场战争会尽快结束的时候，德国改变了战略，开着装甲车碾平阻拦它进攻的所有力量。

1940年5月，原来的曼斯坦因计划被德国统治者改良之后，分为A、B、C三支集团军越过了马其诺防线，分别入侵比利时、荷兰和法国。"静坐战"不再起作用了，因为意志上的松懈，这让德国侵略军有了可乘之机。德国A集团军的坦克军强渡马斯河，随后攻陷了法国南部战略要地色当。而B集团军也在进攻法国邻国，用来牵制英法盟军的主力，从而形成了一个巨大的包围圈，仅仅在十天不到的时间，法国就被占领了大半的领土。

这时，法国内部也产生了巨大的政治变化，6月，以贝当为首的卖国贼与德国签署了一份协议：将包括巴黎在内的法国大部分地区让德国占领，剩下的东南部地区名义上是由当时的傀儡政府来统治的。法国被一分为二，而以戴高乐将军为首的一批爱国者流亡到了英国，他们继续为抗德积极奔走。

克里斯汀·迪奥很幸运的是，他在没有被占领的那一片领土上，但是当法国亡国的消息传来时，克里斯汀·迪奥和战友们抑制不住悲伤的情绪，痛哭流涕。他们虽然是法国的士兵，可是他们都没有为国家而抗争过，这是悲伤而痛苦的。但是哀伤并不能改变这一现实，很快，傀儡政府就宣布将部队解散，克里斯汀·迪奥和战友们不得不背起行囊，离开了这座已经没有什么用处的军营。

被一分为二的法国有着不一样的境地，在德国统治下的地区，人们生活得异常艰难，而在傀儡政府统治下的地区生活还算是过得去。

克里斯汀·迪奥离开的时候，看着身后的残阳如血，他不知道等待下一个黎明的到来还要多久……

2. 美丽的可利安

战争就是如此残酷，指不定什么时候炮火就会在你的身旁爆炸，指不定什么时候就会流离失所。人们都痛恨战争，但是，偏偏战争都是由人们争夺利益心而引发的。

克里斯汀·迪奥本来想要回到巴黎，但当时的巴黎已经变得混乱不堪，公路上的难民潮一波接一波，汽车上也都塞满了老人、孩子还有伤病员。而且，这样的护送车辆还会不时地爆炸，铁轨也被炸得面目全非，到处都弥漫着硝烟，到处都是满目疮痪。人们的脸庞上，原来的轻松和快乐不见了，取而代之的是麻木和悲伤。这就是战争，这就是那个时代所有人的伤痛。

能去哪里呢？哪里才能让自己停留依靠？克里斯汀·迪奥想到了还在可利安生活的父亲和妹妹，还有玛莎小姐。于是，他决定到家人的身边，在残酷的战争中，和家人在一起总比孤身一人要踏实得多，至少可以减少一些恐惧和慌乱。

可利安属于普罗旺斯的下属地区，位于法国的南部城市，这时正值收获的时节。虽然战火一直在法国境内猛烈地燃烧着，但是这里的宁静似乎并没有受到多大的影响。玛莎小姐在他们居住的屋子后面开垦出了一片田地，可以种植香草、西红柿、青豆和橄榄，这些蔬菜足够四个人果腹了。

在部队的这一段时间让克里斯汀·迪奥感受到了很多，最大的收获就是他喜欢上了像农民一样劳作的生活，每天都在田地里看着绿油油的植物自由地生长，闻着泥土的芬芳，听着山雀婉转的歌喉，那就像是一首美丽的诗。实际上，克里斯汀·迪奥在战前来到可利安的时候，由于每天只是埋头工作，他根本就没有发现可利安的风景是多么迷人。

这里就像是一个世外桃源，大片大片的紫色花田铺满了原野，当花田盛放的时候，在太阳光下仿佛升起了紫色的雾，让人产生一种幸福的眩晕感。清淡的香气传遍了小小的村落，女孩子们会在这个时候去采摘一些薰衣草花朵为自己做一些香氛精油，这样就可以将薰衣草的香气整年地留在身上。

蜿蜒的山脉里还有着各种各样叫不上名字的花草，它们是薰衣草的点缀，也是自成一派的自然风格。乡村的风景大都一样，原野和河流构成了主体，但是又都不一样，因为这里有着不同寻常的田园风情。

麦田整齐地排列着，已经到了收获的季节，麦穗都沉甸甸地垂着头，就像是一个个娇羞的少女，等待着情人的到来。一些不知名的鸟儿飞落枝头，唱着婉转动听的歌声。山坡上还有一些青草和树木，都不是很高大。那些葡萄在这里生长，阳光充足，葡萄糖分十足，做出来的葡萄酒也是甜美甘醇。法国人都喜好葡萄酒，这里的村民家家户户都会自制葡萄酒，于是，薰衣草的香气里，还带有一丝葡萄酒的芳醇。居民的房屋都是尖顶的，即使有些破旧，但也别有一番乐趣，因为这里的旧都显得那样有趣味。这些破旧的房舍像是一本平易近人的历史书，毕竟在这样的战争时期，能有一所遮风避雨的房屋就已经是最大的幸福了。

村庄里没有电源、没有喧嚣、没有战乱，只有平静和微风。但是毕竟村庄里的自给自足还是有限的，一些必要的物资还是能省则省，比如蜡烛。为了节省，村庄里的人一到入夜就睡得特别早。

克里斯汀·迪奥站在田地边，感受着久违的乡村生活，他的心中在感慨着："从事艰辛劳作、等待季节更替、揭示生命永恒真谛的愉悦之情。"

这更像是一句诗，像是一位艺术家对自己现在的生活由衷的赞叹，在可利安湛蓝的天空下，克里斯汀·迪奥觉得自己生活得如此惬意。和在部队时的作息有些相似，每天克里斯汀·迪奥都会早早地起床，和家人们吃过早餐之后，他就帮助妹妹干农活，除草拔根，给长高的青豆和西红柿支起一个架子。在夕阳西下的时候，再回到家里和家人们共度晚餐，聊一聊他以前在巴黎时的生活，或者全家人一起回忆一下从前的日子，然后互道晚安，各自回房间睡个好觉。这和在部队做"农役"没什么太大的差别，唯一有区别的就是他可以和家人在一起，这样的踏实感是部队里没有的，而且农活也是为了自家人的温饱必须要做的。

本来克里斯汀·迪奥想把屋后的这片空地改造成一个小花园，但是当时战事吃紧，很多物品都不太容易买到，特殊时期，人们一定要想方设法地填饱自己的肚子，于是全家人就更加用心地种植这些蔬菜。等到蔬菜成熟的时候，留下自家足够的食物，剩下的就由他和妹妹推着车子拿到集市上去贩卖，然后再换取家里需要的物品。显然这种方式不可能总是有充足的收获，在等待收获的日子里，生活就要过得窘迫一些，而且，克里斯汀·迪奥复员时得到的几百法郎也快要花光了。

朋友总是会在你困难的时候适当地出现，克里斯汀·迪奥一直都对这一点深信不疑。一天早晨，克里斯汀·迪奥收到了一封电报，是老朋友马克斯·肯纳发来的，他说已经把克里斯汀·迪奥之前留在画廊里的最后几幅画也卖出去了，卖了足足有一千美金，钱已经随着电报一同发往可利安了，注意查收。

这让迪奥一家欣喜若狂，要知道这些钱足够一家人差不多生活一年了。克里斯汀·迪奥抱着妹妹大笑大唱，就好像是过节一样，久旱逢甘霖的感觉。

生活费用有了着落，克里斯汀·迪奥似乎在阴霾中看到了一丝光亮。但是他并没有考虑到将来更远的日子，他觉得自己也许这一辈子都要留在这片土地上，过着日出而作日落而息的生活。

他不想再回到繁乱的巴黎，他以为自己和家人至少要在这里待到战争结束。这样残酷的战争没有人知道会何时结束。

虽然克里斯汀·迪奥没有想过巴黎的生活，可是这并不代表巴黎将这位才华横溢的设计师给遗忘了。

一个普通的日子，当克里斯汀·迪奥同往常一样正在田里辛苦地拔草的时候，妹妹带回来了一封信，她告诉克里斯汀·迪奥这是从巴黎寄来的。

克里斯汀·迪奥听见巴黎这个名字时有那么一瞬间的恍惚，离开得太久，他甚至有些想不起来这个名字是属于哪里的。他看了看手上的泥土，站起来到水池旁洗干净，然后接过了妹妹手中的那封信。

信是爱丽丝·夏瓦尼写来的，她是法国《费加罗报》的一名编辑，负责女性专版。她在信中说：当时她正在寻找一名能为报纸画服装草图的人，她的朋友热那·格鲁诺是一名插画图作者，所以他向她推荐了克里斯汀·迪奥。实际上，热那·格鲁诺并不认识克里斯汀·迪奥，只不过他和马克斯·肯纳还有让·奥泽恩是好朋友，他间接地听说过一些关于这位天才设计师的故事，为这几个人之间的友情而深受感动，所以他就向自己的朋友推荐了克里斯汀·迪奥。

当时虽然是在战争时期，但是这并没有阻挡人们对时尚的追求，有好几家时装公司，比如香奈儿、帕昆、埃尔美等在一些地区都有些销路。当时德国将法国境内的物资运送控制得很严格，胶片也是很稀缺的，没有摄影师能用照相机将这些美丽的时装拍摄下来，各大杂志社只有重新请来服装插画师。迪奥也要重新拿起画板，开始他久违的工作。白天，他在田地里用农具给土地穿上美丽的植物衣装，他是一位农民；到了晚上，他坐在画板前涂涂抹抹，又变成了一位才思泉涌的设计师了。

3. 重返巴黎时装界

戛纳是法国南部的一座滨海市镇，这里以优美的海滩而著名。在那个战争年代，这里还是一个很好的避难场所。

每当稿件完成的时候，克里斯汀·迪奥就要耗费一天的时间，从可利安步行十五公里到格拉斯，然后再乘坐公交车到戛纳，把画稿交给爱丽丝·夏瓦尼。

他还不想回巴黎，那里的生活虽然比在可利安方便许多，想要吃饱却是一个极其困难的问题。他不想在巴黎为了温饱而挖空心思，朋友们的遭遇让他胆战心惊，巴黎的食物已经匮乏到了一定地步。据说想要喝咖啡就要去讨好有关系的商店店主，想要吃黄油就要学会如何走后门……这样的情况在可利安很少见，至少迪奥家后院的蔬菜就能够保证一家人的温饱。更何况，克里斯汀·迪奥已经习惯了这种朴素的乡村生活。

到了戛纳，克里斯汀·迪奥偶尔还可以去会一会老朋友，回味一下曾经的娱乐方式。比如哑剧和化装晚会等，他和朋友们在空屋子里扯上一些旧帷幔，扣上灯罩，再需要一些假胡须和假发，然后就是大家熟悉的历史知识了。这没什么可以难倒这些昔日的富家子弟，更何况还有克里斯汀·迪奥这样一位善于动手制作戏服和道具的天才。画家麦克·沃依干脆将自己的画室改造成一个小剧场，然后大家通过传口信很快就有了观众，不久之后就开始了基本上正式的演出。克里斯汀·迪奥还在这里认识了不少新朋友，如马克·多尼兹、路易·蒂克洛艾、维克托·格朗皮埃等。

克里斯汀·迪奥觉得这样的生活也可以过得有滋有味，他不再奢求更多的财富或者是地位，他在此刻觉得自己已经很满足了。有家人、有朋友，还有自己最喜欢的服装设计图，即使战争的阴霾还没有消散，但是克里斯汀·迪奥觉得自己生活中的阳光已经是温暖如初了。

时间到了1941年，虽然战争依然在继续，但是巴黎的情况已经有所好转了，商店陆陆续续地开门，时装公司也开始恢复了营业。6月份的时候，克里斯汀·迪奥又收到了一封来自巴黎的信件，这次是罗伯特·皮盖写来的，他想知道克里斯汀·迪奥是不是还想回到服装设计的舞台，继续他的工作。

这个问题让克里斯汀·迪奥想了很久，他那种潜伏在心底的逃避情绪此刻又出来干扰他的决定了。他留恋这样的乡村生活，不想再去巴黎感受那种战乱的纷扰，这种逃避的情绪一直都在，他的犹豫也正表现出他在内心里还是想继续这份理想的工作。于是，他在给皮盖的回信中说："已经到了收获的季节，家里的农活还需要帮手，妹妹自己一个人不可能摘完所有的青豆，也许等到秋末再商议巴黎之行也未尝不可。"

可利安的景色依然很美，克里斯汀·迪奥呼吸着这里的空气，想到不久之后就要离开这风景如画的地方，他的内心就有一种难以名状的失落。秋天还是无可避免地到来了，青豆已经摘完了，庄稼也已经收割完毕，田野上的花朵都凋谢枯萎了，实在没有什么理由可以再留在这里了，克里斯汀·迪奥不得不动身回到巴黎。

命运之轮又将他推回到了巴黎，这里的一切似乎都没有变，街道之间几乎没有改变，但实际上改变得太大了：出行成了一个难题，因为德国人将乘车变成了他们统治的专利，于是巴黎街头的法国人只得步行或者骑上自己的脚踏车；由于配给制和物资供给十分苛刻，公寓里经常性地会被强行断电，到处都是黑暗，更别提那些被严格限制的食物数量和其他的物资。还有满大街都是黄色的标牌，上面写着去往最近的"军事管制总部"，这些字体就像是一个个冰冷的枪口，对着人们无情地表明这是德国占领区。人们都在用自己的方式去反抗德国人的占领，比如妇女们戴着超大的帽子，上面缀满了少见的水果和奇怪的装饰物，而克里斯汀·迪奥只能用最简单的方式去反抗，不去理会这样的占领炫耀。

由于物资的匮乏，很多制衣公司因为布料紧缺不得不将售卖的衣物改成简单的缝制，这就让当时的服装几乎变成了反时髦的款式：男人们穿着一直下垂到膝部的长款夹克，而且肩部设计得很宽大，整个人就像是被一条掏了三个窟窿的麻袋套上去的一样，毫无精神可言；女人们的衣着更加惨不忍睹，毫无线条可言的皮夹克和过时的短裙将女性的曲线美都破坏了，但这确实是巴黎人对德国的蔑视和对傀儡政府的不满。整个巴黎街头都是这样的装扮，一种虚假和苍白显现出来，克里斯汀·迪奥觉得十分难过，他是这样描述当时人们的衣着：

用那些别无他用的残余布料做成的各种帽子，看上去就像又高又大的精巧发饰，面临四周蔓延的痛苦，腾空欲飞……

回到巴黎的克里斯汀·迪奥就面临着失业，罗伯特·皮盖的公司里那个本属于他的职位被另一位西班牙的年轻插画师替代了。但是，克里斯汀·迪奥并没有表示出过多的不安或者愤怒，他反而有一些庆幸，因为他在罗伯特·皮盖那里已经学到了足够多的东西。而且，罗伯特·皮盖有时表现出来的那种商人的市侩是克里斯汀·迪奥无法忍受的，这种时装界的阴暗面是他永远不能体会也不想体会的。于是，他又开始了寻找工作的生活，所幸他的朋友们依然在为他的生活和工作而操心，也时刻帮他留意着身边有关服装设计师的招聘消息。

不久，有位朋友带来了一个消息，一家一流的时装公司的老板吕西安·科隆正在寻找一名服装助理，当他得知克里斯汀·迪奥这个人的时候，他很乐意见一见这位时装设计新星。

吕西安·科隆的公司专门为上流社会的高雅女性和一些外国的大牌人物设计服装，它是全巴黎乃至全法国的顶级的时装公司。克里斯汀·迪奥对这家公司当然不会陌生，或者说他和这家公司还有一些渊源，当初激发他走上服装设计道路的，不正是他在这家公司的招聘失利吗？

不管怎么说，吕西安·科隆及其领导的公司作为时装界的翘楚，还是很乐意吸收新鲜的血液来不断地为自己的品牌创造活力，他的手下有一批一流的设计师，组成了一个强大的设计团队。迪奥来到这里工作之后，很快就与其中一位名叫皮埃尔·巴尔曼的设计师成为了知心好友，两个人互相欣赏，也经常交流经验。

战时的巴黎时装业也有着坎坷的经历，由于经济和政治的双重压迫，巴黎的很多知名服装企业如香奈儿、莫里诺、沃尔斯等都搬迁到了国外，但是这并不能扭转巴黎的时装业走下坡路的趋势。虽然，傀儡政府和柏林政府都开始进一步打压法国的时装业。

傀儡政府打击时装业是因为它宣扬的是"回归传统价值"，这其中还有很大一部分原因是要讨好柏林政府；而柏林政府的目的纯粹就是嫉妒法国时装在世界各地的地位和形象，它不容许法国人在自己的统治下还可以有自由的思考能力。因此，两个政府虽然是处于不同的立场，但目的都是要将法国的时装业彻底地颠覆乃至消灭。于是，两个政府开始采取不同的手段来打压时装业，傀儡政府多是倾向于经济手段的控制，而柏林政府更像是一个野蛮的强盗，毫不留情地要斩草除根。

1940年7月的时候，巴黎刚刚被德军占领，巴黎高级时装协会的仓库就被疯狂的德军洗劫了，所有关于时装的珍贵资料和文献，还有那些国外客户的档案记录，都被强行没收了。接下来，柏林政府又不惜重金将巴黎的许多设计师和剪裁师"邀请"到德国柏林和维也纳，他们想要把法国的时装业转移到自己的国家，使柏林和维也纳成为新的艺术之都，这样德国就可以成为欧洲的文化枢纽。

就在巴黎时装的地位岌岌可危的时候，吕西安·科隆毫无惧色地站出来对柏林政府的这种野蛮行径大加指责，他说："你们可以强迫我们做你们想要做的任何事，但是巴黎妇女时装将永远不会迁移，不论是全盘还是一点一点地迁移。它要么待在巴黎，要么就停止存在。"

吕西安·科隆是一位十分优雅的绅士，他自己也是一位传奇式的才华横溢的服装设计师。他从1937年开始就担任着时装联合会的主席，他对最近柏林政府的暴行作的这一番义正词严的控诉，更是受到了法国时装界所有同行的力捧。

傀儡政府在这样的控诉下也如当头棒喝一般清醒了过来，他们知道一旦让柏林政府的阴谋得逞，将巴黎时装都转移到德国之后，那么法国境内的经济灾难一定会迅速地爆发，因为在时装公司任职的人员不在少数，更何况还有制衣车间里那些数目庞大的工人。傀儡政府决定站在吕西安·科隆这一边，但他们还是不敢硬碰硬地去与柏林政府交涉，他们让吕西安·科隆去与柏林政府谈判。

事实证明，吕西安·科隆不仅仅是一位优秀的设计师，更是一位出色的谈判家。他从历史文化角度去分析了为什么德国不能够将法国的时装业转移，他觉得每个国家都有其不同的文化积淀和内涵，如果将法国的时装行业转移到德国，那么这些都是毫无生气、毫无意义的。如果德国可以从自身的文化角度出发，那么还会有更多的可创造性的东西。

这一番理论说服了柏林政府，于是柏林政府放弃了转移巴黎时装业的计划，允许法国时装业保持他们的独立性。但是，柏林政府还是限制了法国的服装出口权和摄影权，并且还将巴黎的许多时装屋也关闭了，这也使得时装业的发展速度慢了下来。

克里斯汀·迪奥此时已经在吕西安·科隆的公司站稳了脚跟，他每天都近距离地观察着吕西安·科隆的设计风格。他发现吕西安的商业头脑十分有预见性，因为吕西安创建了一个"改装部"，为一些少量的成衣进行改装。学习着这里的设计理念，然后慢慢地，他又将公司的设计加入了自己的设计构想，从而发现了一种新的设计风格。

不久之后，他就成为了吕西安·科隆公司设计团队的核心人物之一，他和皮埃尔·巴尔曼一起努力将吕西安·科隆的公司打造出更响亮的名声来。可以说，他们两人已经是这家公司的中流砥柱了，但是新的问题出现了，吕西安·科隆公司的发展前景已经定型了，不可能有更大的空间了。这让两个满腔热情的设计师陷入了新的思考中。

1945年9月，耗时六年的二战终于结束了，德国军队灰溜溜地从巴黎撤出。庆祝解放的欢呼声传遍了街头巷尾，走在街上的人们都带着胜利的微笑互相打招呼，清新的阳光和空气再一次降临在每一个角落。战争的阴霾终于消散了，和平安宁的气氛是此时此刻的主旋律。

而皮埃尔·巴尔曼也决定在这样欢乐的气氛中离开吕西安·科隆的公司另立门户了，他已经可以独当一面了，所以他要奔向更加长远的未来。

在吕西安·科隆为皮埃尔·巴尔曼举行的欢送酒会上，克里斯汀·迪奥无法抑制自己的激动和悲伤。他为好朋友的前途而高兴，但是他也为两人共有的过去而感到悲伤，想起曾经两个人一起设计一起奋斗的场景，他就控制不住地流泪，因为他实在是不喜欢看见这样的离别。

朋友之间的离别心情总是难以用语言形容的，但是克里斯汀·迪奥知道，即使两个人隔了千山万水，友谊也不会因此而磨灭。友谊就在两个人的心里生根发芽，随着年岁的增长，它已经成为了一棵参天的友谊大树！

4. 迪奥时装屋

1945年10月的巴黎，天气依然暖洋洋的，阳光还是那样炙热，人们正在努力地将原来的生活恢复。而在弗朗索瓦大街45号，皮埃尔·巴尔曼举行了一场以自己的名字命名的服装展览会，取得了巨大的成功。

出席展览会的有很多记者、明星，甚至还有王室成员，这些星光璀璨的耀眼人物使得展览会显得更加灿烂夺目，各大媒体也争相报道，一时间皮埃尔·巴尔曼成为了焦点，人们都在谈论着这个理念新颖的设计师。克里斯汀·迪奥也为自己的好朋友高兴，他从来都不会因为朋友的成功而感到不舒服，他甚至可以在朋友们的光环下生活得很泰然，并且还会为朋友们的成功由衷地鼓掌。即使他才华横溢，他也不会锋芒毕露咄咄逼人，他不会去追求名利和地位，他只想要一份属于自己的快乐和幸福。

所以当皮埃尔·巴尔曼离开之后，他还是留在吕西安·科隆的公司中，可以说，这种避世的情绪还是在左右着他的选择。他已经四十岁了，却还是没有为自己而奋斗的信心和决心，这就像他二十岁的时候不敢反抗父母的安排一样，因为他不喜欢作太多的决定，不喜欢把自己的生活安排得像是格式化的程序一样，什么目标、什么计划，克里斯汀·迪奥对于这些完全没有什么概念。但是，如果克里斯汀·迪奥一直都满足于服装设计师的现状的话，那么以后也就不会让全世界来赞叹他是20世纪最伟大的艺术家了，这用迪奥自己的话来说就是"命运的指引"。

克里斯汀·迪奥在童年的时候受到外婆的影响很多，他对命运和神秘的预测这一类的算卦占卜是深信不疑的。他十九岁参加一次慈善义卖会的时候，碰见了一位吉卜赛女郎，那个女人主动要求给他看手相，然后她对克里斯汀·迪奥说："你会很穷的，不过，女人会给你带来好运，女人会使你成功。你会从她们身上挣得大笔大笔的钱，你将到处去旅行。"

当时克里斯汀·迪奥就对此深信不疑，当他将这件事讲给家人听的时候，全家人都捧腹大笑，觉得这只是骗人的把戏罢了，当时显赫的迪奥家族怎么可能会让克里斯汀·迪奥受苦并且吃女人的"软饭"呢？这实在是太荒谬了。克里斯汀·迪奥也并不急于跟家人辩白，他把这句话放在心底，每当他遇到挫折或者困难的时候，他都会拿出来安慰自己；而当他从困境中走出来的时候，这句话就在不断地向他证明预测的魔力。事实上，我们纵观克里斯汀·迪奥的一生，也许命运的这种魔力可以归结为"友谊"，正是朋友们的关心和陪伴让他走过一个又一个的挫折和困境。克里斯汀·迪奥的朋友苏珊娜·勒穆瓦就说过："很难得认识一个在你一生中都从不背弃你的人。而克里斯汀的为人就是这样，这一点我们总是很了解的，从孩提时代就了解。他集两种难得的属性于一身——你既可以信赖他的感情，又可以信赖他的才能……"

在吕西安的公司继续工作了几个月之后，某一个早晨，当克里斯汀·迪奥像往常一样走在上班路上的时候，他碰见了一位童年时的玩伴，两个人相谈甚欢，而且朋友还告诉他，自己正在为一家时装屋寻找一位设计师："你有什么合适的人选吗？"朋友问克里斯汀·迪奥。"没有！"克里斯汀·迪奥光顾着沉浸在与老朋友重逢的喜悦中去了，他都没想到自己也是一位设计师，回答得很干脆。

过了几天，克里斯汀·迪奥与这位朋友又在街头相遇，朋友再一次提出寻找设计师的问题，还告诉他，这家时装屋名为"菲利普与加斯东"。而克里斯汀·迪奥还是没有向朋友推荐自己，因为他觉得自己不是那么合适，更何况他还在吕西安的公司任职呢！

实际上，这时的克里斯汀·迪奥已经产生了要离开的想法。他要离开并不是因为皮埃尔·巴尔曼的离开，而是觉得自己在这里开始有了压抑感，吕西安·科隆总是让设计团队按照他的想法来设计服装。克里斯汀·迪奥觉得这不是他想要的，他需要有自己的灵感和创作，需要有自己的创作空间和自由，但这里的条件是不允许的，他决定离开了。吕西安察觉到了这种危机，曾经公司里的两位中流砥柱已经离开了一个，如果现在连克里斯汀·迪奥也走掉的话，那么自己的公司绝对不会支撑很久，日薄西山这样的结局将不可避免。他想要挽留克里斯汀·迪奥，但是当他看到克里斯汀·迪奥的眼神，他就知道，事情已经走向了无法挽回的境地。

朋友们知道了克里斯汀·迪奥的想法，都开始为他的下一步行动了。这时，苏珊娜·勒穆瓦为他带来了一个好消息：苏珊娜·勒穆瓦的朋友乔治·维格鲁正在为一家时装屋寻找一名设计师。

这家时装屋就是"菲利普与加斯东"，因为没有出色的设计师马上就要走向没落的境地，而巴黎的首富马塞尔·布萨克想要将这座时装屋重新振兴起来。马塞尔·布萨克也是一位传奇式的人物，在法国，人人都知道他是谁。他是第一个穿上印花棉布卷起巴黎时尚风潮的棉花大王；他是战争年代举行的每一次跑马赛的胜利者，而且他的那匹叫做"巴黎"的冠军赛马曾一度被德国人没收，最后又被巴顿将军的部队转送回来；他可以让自己的汽车驰骋在巴黎的每一条街道而不被阻拦，如果他对某件事物感兴趣的话，他会不惜一切代价地去为得到它而努力……关于他的传闻很多，他就是这样的大名鼎鼎。

用马塞尔·布萨克的说法就是，这家时装屋就是一个"睡美人"，他发动了很多朋友去寻找出色的设计师。当苏珊娜·勒穆瓦听说了这件事时，她就马上向乔治·维格鲁推荐了克里斯汀·迪奥。

克里斯汀·迪奥听苏珊娜·勒穆瓦说完之后，他想到了前几天遇见的那位老朋友，他也是在为这家时装屋寻找设计师，而自己当时还没有认真地考虑过这个问题。现在，自己又要面对这个问题了，难道真的是冥冥之中有天意吗？

　　迪奥并没有立刻答应苏珊娜·勒穆瓦去应聘这个职位，他需要好好地思考一下。

　　傍晚，迪奥一边在大街上散步，一边在思考这件事情的可能性，朋友们都说这是一个难得的机会，要好好地把握。虽然首席设计师这个职位对于他有着很大的吸引力，但是他知道这又是一个受限制的开始，因为他一直梦想着要开一家属于自己的时装公司。就在他想着这些混乱的问题时，突然觉得脚下踩到了一个硬邦邦的东西，他弯下腰捡起脚下这个东西——是一个从车的轮毂上掉下来的金黄色的五角星。这是一个好的预兆，看着这个捡来的五角星，克里斯汀·迪奥心中出现了一个念头：为什么不是我呢？

　　他下了决心，要去见一见大名鼎鼎的马塞尔·布萨克，在这之前，他已经见到了马塞尔·布萨克的得力助手亨利·法约尔。亨利·法约尔先带着他去参观了"菲利普与加斯东"，但是这让克里斯汀·迪奥从心底打起了退堂鼓。他一想到很多人在重新振兴这家时装屋的时候都失败了，他的那种与生俱来的沮丧感就占据了他的全部思维，只是他还不知道如何与亨利·法约尔摊牌。

　　亨利·法约尔看出了克里斯汀·迪奥的退缩，但是他仍然不想放弃这个有才华的设计师，因为他很喜欢这个才华横溢性格温和的设计师。而且，老于世故的他一眼就看出了克里斯汀·迪奥一定会让时装屋重新振作起来，并且以他对克里斯汀·迪奥的了解，他已经知道该如何与这位害羞的设计师相处了。这还要感谢他的妻子，因为她对克里斯汀·迪奥一直都很崇拜，她是一位很漂亮并且有着独特品位的女人。自从她看到克里斯汀·迪奥设计的服装之后，她就只买克里斯汀·迪奥设计的服装，并且她一直向自己的丈夫赞美这位妇女界最伟大的设计师。于是，他向克里斯汀·迪奥提出："如果你知道你自己想要的是什么，那请你和我的老板马塞尔·布萨克见一面吧！也许，你想要的，他能给你！"

虽然，克里斯汀·迪奥并不是第一次与这样位高权重的人物见面了，但他还是不由自主地开始自卑和紧张。同样，亨利·法约尔也有着不安，虽然他极力地想要促成这件事情，但是他不知道这件事成功的概率有多少。因为，马塞尔·布萨克的性格总是让人摸不着头脑，他自大但极其有天赋，他喜欢按照旧有的等级制度来操作一切事物。亨利·法约尔不知道自己的老板会不会愿意在一个还没有太大名气的设计师身上耗费工夫。

1946年7月的一个上午，穿着一身灰色西装的克里斯汀·迪奥带着隐隐的忐忑心情走进了马塞尔·布萨克的办公大楼。这是一座庄严的带有三面拱廊的建筑物，坐落在渔市大街21号，与其说它是棉花贸易总部大楼，不如说它是一座气势雄伟的银行。尽管这座建筑物的周围有一些不合时宜的歪歪扭扭的矮小建筑，但是从另一面也可以体现出这座大楼主人的地位和财富。

面对着这样一座巨大的建筑，克里斯汀·迪奥的内心出乎意料地平静。这些天来，他一直在思考着整件事的发展，想得越多，他越不安，他有一些不知道如何面对的负担。但是现在他完全放松了，就好像是要考试的学生一直在为复习而忙碌得焦头烂额、心神不宁，等到考场上发卷的那一刻，心才算是彻底地放下来。

马塞尔·布萨克给克里斯汀·迪奥的第一印象是：在财富和地位的背后有着朴素的农民本质，因为他有着结实有力的臂膀和宽阔的后背。他微笑着让克里斯汀·迪奥坐在壁橱旁边的沙发上，而他去为两个人准备一瓶波尔多红酒。在这个空闲的时间里，克里斯汀·迪奥仔细地看了一下马塞尔·布萨克的办公室：他的办公室有着宽大透明的窗子，这样可以全面地感受到阳光和风；窗帘是绛紫色的，也是宽大而且厚实的；摆满了书的书架和大气的办公桌的材质都是带有暗纹的红色实木；地上铺着柔软的地毯，踩上去好像是有一种在云端漫步的想象；墙上还有一些罗马废墟的蚀刻画和田园风光画，这样的摆设都透露着高贵古典的意味。

拿起酒杯，喝了一口红酒，克里斯汀·迪奥和马塞尔·布萨克的谈话就此展开。不知为何，像是马塞尔·布萨克这样出色的商人更愿意与他人聊一聊自己陌生的领域，而不是那种公事公办的同事之间的商务对话。所以，克里斯汀·迪奥就直截了当地对马塞尔说，他想要自己创办一家公司，而不是去复兴"菲利普与加斯东"这样的时装屋，他觉得没有这个能力和天赋。而且，他觉得他自己设计的一切灵感都是来源于新鲜的事物，因为他愿意尝试不断地创新。

马塞尔·布萨克听了之后笑着问克里斯汀·迪奥："那你想象过将来你要为自己创办一所什么样的时装屋呢？还有你想要一所怎样的办公室呢？"

"正如您的办公室一样，它的古朴和典雅简直和我想象中的一模一样。小的时候我特别喜欢祖父的书房，因为那里有一种归属感，如果将来我自己要创办一家工作室，首先它就要有一面宽大明亮的窗子，然后就是要把整整一面墙都放上一面大大的镜子，这样模特在试衣服的时候可以从镜子中看到自己的线条！而且我的工作室一定要有独立性，能够为千万女性设计她们心中的时装！最重要的一点就是，这样一家时装公司必须是工艺作坊，而不是制衣工厂！对，现在美国的制衣工业十分成熟，但是我们完全没有必要去跟风，完全没有必要去模仿。我们法国有着悠久的时装文化，只是由于战争，它已经耽搁了太久太久，所以如果想要恢复它往日的荣耀，就要不断地创新，在原来稳固的基础上进行创新，我想我们的时装一定会在不久的将来焕发出更加灿烂的光彩！"

马塞尔·布萨克十分赞同这个具有古典主义美学的观点，他觉得自己简直遇到了一位知音，当年他在第一次用一些印花布来引起时尚风潮的时候，他知道创新就是设计灵感的来源。之后，两个人又畅谈了一番对艺术理念的理解，然后依依不舍地道别。在送克里斯汀·迪奥到门口的时候，马塞尔·布萨克没有直接告诉他要作的决定，他只是说："你的想法很有意思，给我一些时间考虑考虑！"

两天之后，马塞尔·布萨克告诉克里斯汀·迪奥，他同意了！

为此，马塞尔·布萨克还为克里斯汀·迪奥拨了专门的款项让他成立自己的时装公司。

这个消息让克里斯汀·迪奥简直有些不敢相信，但是他知道自己离成功又近了一步，他决定要用自己的名字来为这家公司命名。

第五章　引爆时装革命

1. 精心准备时装展

　　1946年的巴黎仍然是美丽而且高贵的，战后的创伤在慢慢地愈合，人们心头的伤痕也慢慢变淡了。不管战争如何残酷，它已经成为了过去，而人们还要开始新的生活。

　　7月份，克里斯汀·迪奥真的是非常忙碌，他正在为冬季套装展览作准备，这是他为吕西安·科隆制作的最后一批服装了，他的合同是签到12月份的，同时他还要为自己的事业作一些准备。于是，他就变成了总监、实业家、导演、设计师，他既要为自己的公司品牌考虑前途、设计形象，又要为吕西安·科隆设计服装，还要监督服装的制作过程，训练模特，他用了五个月的时间来完成吕西安·科隆交给他的所有任务。同时，他还在10月份将自己的公司注册成功，他就像是一位马拉松运动员，不得不和时间进行赛跑。不过，好在12月份终于到了，这是他离开吕西安·科隆公司的时候，尽管吕西安·科隆依然想要挽留他，但是他想要离开的决心已经很坚定了！

　　当克里斯汀·迪奥带着自己的物品走出吕西安·科隆公司的大门时，他回头看了看这座大楼，心中的感激让他微笑着说再见。从1942年到1946年，他在这里工作了整整四个年头了。克里斯汀·迪奥让自己昂首阔步地离开，他知道自己这些年为吕西安·科隆创造了多少财富，当初皮埃尔·巴尔曼离开的时候就对他说："我们在这里做得已经足够多了，无论是对于这个职位还是从道义上面讲。"克里斯汀·迪奥也觉得，他为公司做得足够多了，是时候去寻找自己的梦想了！

时装屋的筹备已经开始了，克里斯汀·迪奥将自己全部的热情都倾注在了这上面，他知道马塞尔·布萨克此刻也与他的心境一样，两个人都为一场更大的时装革命而各自筹备着。

马塞尔·布萨克给克里斯汀·迪奥的待遇也是绝对慷慨的：每个月领薪水，还有三分之一的利润。另外，享有公司最高的股份，因为克里斯汀·迪奥是公司的法定领导。这样大的手笔表明马塞尔对克里斯汀·迪奥充满了信心。

很快，克里斯汀·迪奥的设计团队就建立起来了。这其中有从吕西安·科隆公司跟随过来的雷蒙德·泽那可夫人，她曾经就表示过要一辈子都跟随着克里斯汀·迪奥，她在这里也是负责工作室；还有负责车间技术指导的玛格丽特·卡洛，十分具有才华创意设计的皮尔·卡丹以及业务经理雅克·罗埃；另外，玛格丽特·卡洛还带来了三十名缝纫女工，后来这里又雇用了八十多名工人。先前被聘用的这几个人都是克里斯汀·迪奥最亲近的朋友，但是，门卫一直都没有合适的人选，克里斯汀·迪奥对于门卫的要求很高：要镇静自若，要知道什么是适合说话的时间，最重要的是要保持友善之心！不久，迪奥从别人那里听说有一位来自诺曼底圣洛市名叫佛丁南的年轻人准备应聘这一工作，他从前是一位建筑工人，没有当过门卫。克里斯汀·迪奥听见圣洛市就觉得很满意了，他决定见一见这位年轻人。面试的结果很令大家满意，这位个子很高的年轻人穿着长大衣，有一种英国军人的气质，于是，他顺理成章地成为了最合适的门卫。人员已经到齐，然后就要开始为公司作更多的规划了。

接下来，时装屋的位置也已经定好了，就在蒙田大道30号的一座小楼中，这是克里斯汀·迪奥向往已久的地方。而且，这里还和他的朋友皮埃尔·科勒有关，曾经还是少年的两个年轻人在散步的时候偶然来到这里，两个人都一致认为这里无论居住还是经营店铺都很合适。但是后来，皮埃尔·科勒因为重病而英年早逝，这让克里斯汀·迪奥十分悲痛，他在自己的回忆录中写道：皮埃尔·科勒是第一个建议我投资创办女性时装公司的人。那天，我们站在那两座房子的面前，我开玩笑似的对他说："皮埃尔，如果你的想法有一天能够实现，我一定就在这儿扎根，而不到其他任何地方去！"

就是这个承诺让克里斯汀·迪奥一直坚持着要把办公室设在这里，虽然租下这座房子费了不少周折，但最终克里斯汀·迪奥还是如愿以偿地搬进了这座小楼。当他第一次踏入办公室的时候，他从衣兜里拿出了一颗金黄色的小星星放在办公桌上，这就是当初让他下定决心的那颗幸运之星，这也许就是命运之神的指引吧。命运之神指引着他走向了一条新的路途，这里有他的梦想和激情、有他的设计和灵感，尽管他只是在梦想征程上迈出了第一步，可他有继续坚持下去的勇气和执著，因为他忽然明白了奋斗带来的荣耀是怎样的美好。

办公室的一切装修都是按照克里斯汀·迪奥的意愿来实行的：有一面墙那样大的镜子，剩余的墙面都刷上了油漆；办公桌上铺上了白色的棉布罩子，用来防止增多的纤维布料聚集灰尘，新铺的地板有着好闻的味道。这只是简单的装修，却已经构成了克里斯汀·迪奥想象中的办公室的样子，这样的节俭让马塞尔·布萨克有些吃惊，不过他知道这位设计师并不在乎将办公室打造得多么华贵，克里斯汀·迪奥只在乎将自己的设计变得完美。

　　一切好像都准备就绪了，接下来的时间，克里斯汀·迪奥开始考虑和构思他的第一次服装展览会。这是至关重要的一场展览会，这对于自立门户的克里斯汀·迪奥来说是一场"考验"。在时装界就是有这样的规则，时装屋的成名与否，第一次的服装展览会就是一个衡量的标准，如果这一次不能得到业界称赞的话，那么这家时装屋以后也不会有什么好的口碑和发展了。

　　开始了设计工作的克里斯汀·迪奥好像完全变成了另外一个人，他夜以继日地待在办公室，在画板上画下那些美丽的线条，用布料展现出真实的服装效果。就在他拼命地工作时，一个噩耗传来——父亲莫里斯·迪奥去世了。

　　初冬的巴黎下了一场很大的雪，克里斯汀·迪奥简直不敢相信，就在前几天还与自己争论着经营服装屋利弊的父亲如今就这样永远地离开了。他走在雪地里，白茫茫的一片就像是他此刻的心情一样，沉重、压抑、悲伤以及无助。他回想着父亲生前的种种事迹，眼泪在脸上尽情地流淌。

　　莫里斯·迪奥经历过商界的一番风浪之后，内心明显地苍老了，他害怕儿子也会重蹈自己破产的覆辙，于是他强烈地反对儿子放弃安稳的工作去成立什么时装公司，这简直就是在拿自己的财产开玩笑。他把克里斯汀·迪奥叫到可利安来，他太清楚这个儿子的脾气和秉性了，他根本就不适合做生意，他要好好地教训这个儿子一番。于是，父子两人大吵了一架，不欢而散。但是，克里斯汀·迪奥没想到这竟然是与父亲的最后一次对话。

莫里斯·迪奥的葬礼就在可利安的一座小教堂中举行，长子雷蒙一家、两个妹妹、克里斯汀·迪奥以及一直跟随着主人的玛莎小姐都来到这里。弟弟伯纳特还在医院，他不关心外面的世界，同样也忘记了自己的家人。简单的葬礼之后，莫里斯·迪奥被葬在了自己妻子墓地的旁边，这是他最大的心愿。

从可利安回来的克里斯汀·迪奥还没有从巨大的悲痛中缓过来，他独自坐在那里，回想着从前的往事，他想起来父亲的严厉、母亲的慈悲；想起当初父母义正词严地勒令他去巴黎政治学院学习的场景；想起母亲去世时父亲悲痛欲绝的眼神，他忽然怀念起儿时的自由和无忧无虑，还有格朗维尔别墅里那些漂亮的花朵。往事就像是老电影在他的脑海里不断地播放着，但是那时的单纯和不谙世事再也回不去了！那时的他总想着有朝一日可以自由地做一些自己喜欢的事情，但是现实让他不断地去逃避和隐瞒，现在终于不会有人再管着他了。也许，他可以成为真正的克里斯汀·迪奥了，也许他可以与自己的梦想走得更近了！但是，为什么，他会觉得有一些孤独！

这个冬天好像有点儿漫长，那漫天的大雪好像冰封住了时间，所有的一切都定格在一片片洁白的雪花之中。往事和回忆就变得如此纯净，不含有一丝杂质。

但是，不管寒冷持续多久，春天终究会到来的！

2. 第一次时装秀

　　1946年的冬天很快就要过去了，人们都在期盼着满含希望的春天。

　　从悲伤中走出来的克里斯汀·迪奥开始更加卖力地工作了，他甚至已经达到了废寝忘食的地步。他在自己的办公室里不断地创造着，画布上全都是各种各样的线条，地上还散乱着被揉成团的废纸——那些都是他不满意的作品。桌子上堆砌着色彩鲜艳的布料，但是这丝毫不影响克里斯汀·迪奥，他只专注于自己的画板和如泉涌般的灵感。屋里流动着一种紧张和兴奋的复杂气氛，这好像也"传染"到了公司里的所有员工，大家都在与时间竞赛，设计团队的成员每天都在楼梯上跑来跑去，几乎都很难有时间停下来打招呼。繁杂的事务总是不断地出现，每时每刻人们都要绷紧身体，随时准备将这些小事平息。

　　女工们也在忙碌地工作着，她们要把克里斯汀·迪奥设计在图纸上的样式原封不动地做出来。剪裁和缝制对于技术熟练的她们来说已经不是什么难事了，但她们依然小心翼翼地剪裁着布料，在不同材质的布料上留下细细的针脚。她们深知这一场服装展览有多么重要，她们也深知克里斯汀·迪奥是一个要求完美到极致的人，所以，她们也在用完美的要求警醒着自己。

　　当第一批服装被设计制作出来的时候，克里斯汀·迪奥发现自己需要一批模特来展示这些美丽的时装。时装是为人体而设计的，只有穿在人的身上才会凸显出美丽的线条和剪裁。于是，迪奥公司贴出海报要招聘一些模特。

很快，迪奥公司的门口就被堵得水泄不通，大批的女人前来应聘，屋子里很快就充满了笑声。这让一直埋头于工作的克里斯汀·迪奥也好奇地走出办公室，去看看外面到底都在说些什么高兴的事情。

选拔模特的工作也很有意思，负责这项工作的苏珊娜·卢琳将这项工作用自己独特的思考方式去处理。她将有待于选拔的模特们安排到一间小屋子里，光线只能从门上的一个圆形窗户透进来，女孩子们被安排到这间屋子里有些吃惊，表情各异。卢琳就在外面用照相机捕捉着拍摄这些女孩子的神态，这种方式旨在观察她们最放松的样子，这样的选拔方式也让公司选中了一批令人满意的模特。

克里斯汀·迪奥也不时地去选拔现场观察一下，他行家一样的眼光一下子就注意到了角落里的一个女孩子。那是一位年轻漂亮的女孩子，她的名字叫玛丽特莱斯，在来到这里以前，她是一名秘书。克里斯汀·迪奥告诉卢琳，这个女孩子一定要留下，因为她的身上有一种特殊的气质。事实证明，玛丽特莱斯后来成为了迪奥公司的明星模特之一。

工作又回到了正轨上，有了模特之后，克里斯汀·迪奥觉得自己的作品一下子就生动了许多。大家都在向着一个共同的目标，全力以赴地筹备几天后的服装展览会。迪奥对这段阶段的工作非常乐观地认为："这是事业的一个新开端。我们大家相互喜欢，彼此信任，突然之间开始有了共同语言。我们有巴黎人的旨趣，但我们更有外省人的奉献精神。我们基本上都是外地人。整个屋子里充满着勤奋工作、追求成功的气氛。"

有了模特就可以开始进行排练工作了，因为空间狭小，只能将试衣工作放在楼梯缓台甚至是楼梯上举行。条件有些简陋，而且发现了不少存在的问题。克里斯汀·迪奥要求这些女裁缝师重新学习那些已经被人们遗忘的剪裁技能，他所设计的时装就是让其与女性的线条吻合，让轮廓的风采展现得淋漓尽致。他将这些作品取名为"New Look"，意为"新风貌"。他要为整个法国带来一场"新风貌"的服装改变。

他一丝不苟地检查这些服装，他不容许这些美丽高贵的服装有一丝的瑕疵，这期间还发生了一些有趣的事情，让大家忍俊不禁。有一天，所有的模特都在试穿衣服的时候，一位漂亮的英国模特倒在了克里斯汀·迪奥的怀里，克里斯汀·迪奥本来是想要将这位模特扶起来，但是，他在自己的回忆录中说：我想我是紧紧地抓住她的，但她还是不断地向地板滑去，后来我发现自己抓在手里的竟然是她的胸部！我忘记了我所一直追求的是女性身体的那一特殊部位，所以我曾命令所有那些发育不够好的姑娘要自己想办法装上那种我们不文雅地称为"假胸脯"的东西。

还有一次，克里斯汀·迪奥看见了一件线条呆板的服装，"腰部的位置缺乏一种变化"，这让他大为光火。他立刻找来一把锤子使劲地捶打着穿着服装的模型的腰部，捶了几下之后他又惊恐地扔下了手中的锤子，并且不断地说着道歉的话，原来他将这个模型当成了真人的模特。

克里斯汀追求极致的完美，而他新的要求也让女裁缝师们又有了新的压力，甚至有一位车间负责人因为受不了压力而晕倒在车间。顶替上来的女裁缝莫尼克十分出色，她可以及时地将那些错误改过来，这一点让克里斯汀·迪奥十分钦佩。

就这样，克里斯汀·迪奥的服装一点一点地都成为最完美的样品了，而这时，已经距离展览会开始不到一个星期的时间。这些服装都是克里斯汀·迪奥眼中的珍宝，就连他的朋友们都没有全部参观过，消息被封锁得很严实。但是大家都有着强烈的好奇心，迫切地想要一睹为快。还有一些新闻媒体也来咨询克里斯汀·迪奥是否能够让人们先参观一下，这样也可以为几天之后的展览作一些准备。

听着这些人的建议，克里斯汀·迪奥决定先举行一个小型的预演会，就当是最后的一次彩排了。当所有人看过这场预演之后，他们知道，一场时装的革命就要发生了！

1947年2月12日，这是一个普通的日子，但是对于克里斯汀·迪奥乃至整个巴黎时装界来说，却是一个盛大的节日。准备将近三个月的时间，只为了这一天的到来。

前一天晚上，工作人员就开始布置展览会场了。地毯都换成崭新的，入口处的大厅和楼道间都被华丽的花束装饰一新，这些花束铺满了整个通道，一直到那个巨型珍珠般的灰白色展厅门前。

此时此刻的蒙田大街30号迪奥时装屋门前也已经搭好了一个简易的灰色布篷。这一天，巴黎的气温骤降，街道上显得有些凄清。但是布篷下已经有一百多人在这里排起了长队，显然严寒并没有阻挡住这些人的脚步，他们都在人行道上高声谈论着将要举行的展览会。从他们谈话的语气来看，应该是彼此相熟的，而且女士们都穿着貂皮大衣，男士们都是绅士的打扮。

已经到了上午10点了，迪奥公司的门卫走出来对大家说："请注意一下，一次只能进三个人！"人群中立刻有了一些不满的骚动，这些穿着貂皮大衣的女士脸上带着情绪地抱怨说："不就是一个服装展览会吗，至于让我们等得这么久吗？"门卫丝毫不为人们的抱怨声所动，只是微笑着维持秩序。

　　而克里斯汀·迪奥在里面还没有听见人们的抱怨，他正在指导着工人们放下刚刚搬运回来的棕榈树，并且细心地检查着那些花束摆放的位置。镜子上的那些椭圆形花环摆放得恰到好处，可以凸显出很好的镜面效果。这里摆放的花束都是克里斯汀·迪奥亲手制作的，他的插花技艺也是很优秀的，这让前来帮忙的插花师都赞叹不已。团队里其他成员也在紧张地忙碌着：核对座位上的标签、调试灯光、布置背景和帷幕。

　　为了感谢马塞尔·布萨克对自己的全力支持，克里斯汀·迪奥还派人在前一晚为马塞尔·布萨克送去了一大束花。在这一段长达三个月的筹备时间里，马塞尔·布萨克是一直被蒙在鼓里的。但是当他下班回家看到客厅里摆放的一大束黑白色兰花的时候，他就微笑着对自己的妻子说："不要担心，这束花已经表明了他对于明天的展览十分有信心，我们只管等待一场成功的演出就好了！"

　　大厅里的准备工作差不多完成了，而模特们在试衣间里的第一套服装也已经穿好了。等候已久的嘉宾们开始陆陆续续地进场了，由于人数众多并且门卫一次只放行三个人，后面依然还有很多的人在等待着。由于天气太冷了，人们不得不跺脚呵气，此时，闲谈也成了一种消遣，有人在抱怨着天气和经济的不景气，还有人在七嘴八舌地猜测着马塞尔·布萨克这一次为克里斯汀·迪奥投资了多少钱，后来这样的猜测又被政治话题取代了。还没有进到大厅的女士们站在走廊上对着镜子整理妆容，她们对自己的衣着十分自信，这都是一些刚刚落下帷幕的服装展览会上最流行的款式。

　　已经进场的人在寻找贴着自己名字标签的座位，有人还要不时地向自己熟识的人打招呼，后面等待进场的人因为迫不及待而开始拥挤。门卫和工作人员需要加强秩序的维持，而负责招待客人的工作人员在引导着人们寻找座位。此时整个大厅里有一些忙乱，不过很快所有的人员都进入了大厅并坐在了自己的位置上。等到全部安顿好之后，人们都为眼前的景象所惊叹：米色的地毯柔软舒适；明亮的墙镜能够将大厅的景象完整地映出来；上面巨大的花环简洁大方；随处可见的鲜花都有着醉人的芬芳，这里的温暖与外面的严寒形成了对比。

　　克里斯汀·迪奥站在过道，相熟的人们都与他打招呼，并赞美他的展厅装饰，他只是笑一笑，内心的忐忑不安竟然又向上提升了一些，他的双手甚至有些微微的颤抖，不知道是出于激动还是紧张。为了避免被嘉宾们看见，他将手揣进了衣袋里，握紧了早就放在衣袋里的一块小木块。坚硬的质感仿佛像是一颗定心丸，让克里斯汀·迪奥的呼吸稍微平缓了一些，但他的手心还是汗津津的。

　　看完了这样富丽堂皇的大厅装饰，人们纷纷从衣袋里拿出纸笔——这是历来巴黎时装展览会的规矩，摄像机和照相机是绝对不容许带进来的。手中的纸和笔就是这些人评价服装的唯一工具，而且，还有一项禁忌也是非常严肃的，谁都不容许用纸笔将展览的服装画下来。

这样的禁忌都是十分中肯的，因为时装发布会就是时尚潮流的指引，或者说是一场意外的发现。一旦成功，那么上千万甚至上亿的财富就会席卷而来，如果因为一些影像资料而提前泄密的话，那么泄密的人就会受到严厉的法律惩罚。

灯光在适合的角度定格了，会场一下子变得鸦雀无声，主持人出场站在T型台中央讲了一些官话之后，就宣布展览正式开始。

第一位出场的模特就是玛丽特莱斯，她穿着一袭长及地面的礼服款款出场，那转身时飞扬的裙角和摆动恰到好处的曲线、带有花边褶皱的裙角抖开时满是妩媚的风情，让台下的人惊呼不已。接着又是第二套服装、第三套服装，一套又一套设计感十足的时装一一出现在舞台上。那些长裙和礼服，每一套都至少用了二十码长的纤维制品，因此都显得飘逸自然、大气雍容，那些细节如花边、褶皱、腰带的设计也值得人们品味，还有那些配饰，斜尖形状的帽子，绸缎材质的手套，几乎所有的时装都带有"8"字形折叠花瓣的装饰线条。这简直就是妙笔生花的设计，它体现了女性身体上的曲线美，美化了女性身材的自然比例。

从第一套时装展示开始，直到最后一套时装展示结束——一共是九十套时装 —— 雷鸣般的掌声就从没有断过，直到最后，就连克里斯汀·迪奥自己也忍不住鼓起掌来。他的激动溢于言表，而且他深信自己一定是取得了成功，因为观众的眼神中有着赞赏的光芒。

台下的观众都有些不敢相信自己的眼睛，原来时装还可以有这样的灵动设计，他们也不敢眨眼睛，生怕自己错过任何一个完美的细节。在场的女性在观看展览的同时，还下意识地遮挡住自己身上的衣物，她们觉得，跟T型台上的时装相比，自己身上的衣物简直就是粗布麻袋。

这场演出获得了巨大的成功，光是从这样热烈的掌声中就可以得知。这一场精心设计的视觉盛宴就这样给时装界带来了巨大的冲击力，已经不可避免地开启了时装界的新革命。每一位嘉宾都知道这场展览会之后产生的效应会带来一场巨大的风潮，而那些老牌的时装公司，如香奈儿等公司都会受到更多的冲击和压力，但是每个人也在憧憬着：迪奥时装屋能够将巴黎已经失落的时装王位重新夺回！

3. 迪奥旋风

时尚界刮起了一场旋风，这是一场由华丽和欢呼构成的时尚风暴，而中心点 就是克里斯汀·迪奥。

一切都好像是一场梦，而这场梦从儿时的格朗维尔就开始了，从那之后就一直隐藏在记忆里，只有在不经意间才会像含苞待放的花蕾一样，散发出一丝淡淡的香气。如果站在别人的光环之下，那么它就犹如含羞草一样，把自己紧紧地包裹起来。等待绽放的花期是漫长的，但也是值得的！

那一场最为轰动的时装展览之后，梦想的花朵完全绽放了。而迪奥这个名字也彻底变成了一个标志——迪奥这场时装旋风的标志。

卡梅尔·思诺和贝蒂·巴拉迪是时装新闻界最有资历的女性代表，她们完全被迪奥的这场时装展览深深地吸引了。卡梅尔·思诺是第一个报道迪奥的人，她在《哈珀杂谈》中说道："亲爱的克里斯汀，这真是一场革命。你设计的衣服有一种全新的面貌。你知道，它们真是棒极了。"

她还给了迪奥一个很高的评价："迪奥挽救了巴黎，就像马恩河战役当时挽救了巴黎一样。"

卡梅尔·思诺一直是爱国人士，而这句对迪奥的评价就充分地显示出迪奥在时尚界的地位。

当时美国《时尚》杂志的编辑贝蒂·巴拉迪得知这一消息之后，赶忙从美国飞到巴黎，她知道这位才华横溢的设计师的作品马上就会是潮流界的顶尖之作。她曾在她的自传《我的时装世界》中这样写道："我感到好奇的是，在舞台的背后是谁的手给战后巴黎死气沉沉的时装界带来了这种焕然一新、令人羡慕的面貌。要弄清楚这一问题，我必须赶到巴黎去问问吕西安·勒隆，究竟是谁缔造了这一崭新的服饰风格。""魔法……这是大家现在想从巴黎得到的东西。从来没有哪一个时刻像现在这样需要妇女时装界出现一位拿破仑、一位亚历山大大帝、一位恺撒。巴黎的时装正等着有人去征服它，去给它指明方向。从来没有哪一次征服比克里斯汀·迪奥在1947年的那一次更容易、更全面的了。"可是，克里斯汀·迪奥却在这些欢呼声中有一种恍惚的感觉。自从儿时起，他对那些色彩鲜艳的服装产生了巨大的兴趣之后，就在心底里埋藏了一颗种子。但是那个时候，他没有想到自己以后会有如此的轰动，他甚至觉得自己好像是在经历一场梦，不敢用手去触碰，只怕稍稍一用力，所有的这一切都会消失不见。可是这种患得患失的感觉并没有持续很久，巨大的幸福感和成就感就包围了他，当他被簇拥着走上T型台去和嘉宾们见面接受人们致敬时，他的脸上很快就印满了鲜红的口红印，他又开始习惯性的羞涩，脸红得像是舞台上那些朦胧的红色灯光。他在自己的日记中写道："我一生中无论遇到什么样的喜事，都没有那个时刻那么感到幸福过。"

虽然一场轰动的时装展览会结束了，但是由此而带来的一场旋风却刮遍了整个法国，乃至其他国家。

在展览会之后，蒙田大街30号的时装小屋一连几个月都人满为患，就连克里斯汀·迪奥的办公室也全是人。女人们都希望能够让克里斯汀·迪奥亲自为她们设计服装，店员们更是忙得焦头烂额。因为一下子出现这么多人，她们都不知道如何下手，而且这些人平时的要求都很多，现在更是问题多多。

而贝蒂·巴拉迪在采访克里斯汀·迪奥之后，觉得他是一个很爱脸红并且和蔼可亲的人，她也从克里斯汀·迪奥这里得到了一套她最为中意的晚礼服。她要穿着这件晚礼服参加两周之后英国伦敦的一个社交舞会，就是这样一套晚礼服引起了英国和美国之间关于服装设计的大讨论。

那是一件"新风貌"样式的晚礼服：一件薄绸质地的紫色无肩胸衣，还有一件呈现弧形样式的背心，下面是一条长及小腿的黑色缎裙，它很好地体现出女性的身体线条。贝蒂·巴拉迪本人十分喜欢这样的款式，有趣的是当她穿着这件晚礼服风姿摇曳地走向舞会场的时候，她被门卫以衣着不整为理由拦在门外。这让贝蒂·巴拉迪十分生气，她作为一名时尚杂志的主编却被人批评衣着不整。于是，她将这件事义正词严地报道了出来，文章中处处体现着她对英国时装界的猛烈抨击和质问。随后美国的一家知名报刊全篇转载了这篇文章，关于时装界设计理念的大讨论随之而来，两个国家隔空开始了一场谈论，并持续了数月之久。

上流社会的女士们在看了这样的谈论之后，心中对克里斯汀·迪奥的设计更是倾心不已。人们从四面八方赶来这个小屋，都想从这里得到一套梦寐以求的克里斯汀·迪奥亲自设计的服装。

当初在准备时装展览会的时候，因为纤维布料不合格，克里斯汀·迪奥采用了一位中国商人推荐的山东产的丝绸，做成了一件典型的时装，它被戏称为"酒吧装"。奇怪的是，就在大家都以为这件衣服会平淡无奇的时候，很多来到店里的客人都开始要求试穿这件衣服了。嫩黄色的山东丝绸制成的上衣就像是曾经侯爵夫人的晚礼服一样，紧紧地裹着上身，下面配了一条黑色的呢绒裙，上面还带有褶皱边的装饰，头上再戴一顶黑色的矮圆筒形的女帽，这是当时巴黎很流行的女帽样式！

女士们在店里挑选着她们喜欢的服装样式，可是每一样服装都有特点，每一件服装都让这些爱好时髦的女士惊叫不已。就拿那件"万能装"来说吧：一件用海军蓝呢绒布做成的无领外衣，配上一条细长的"8"字形裙子，而且外衣上还有专门设计的口袋，穿在身上显得落落大方。还有那套"花冠时装"：紧身的胸衣有五颗大大的扣子，下面的裙子带着褶皱花边有一个好看的弧度，好像是一朵美丽的花。还有那件印有黑豹的带有非洲风情的棉布长袍也让人惊叹不已……这些设计巧妙、构思新颖的时装，每一件都有让人心动的地方。女士们迫不及待地脱下那些陈旧的衣装，甚至不考虑自己的身材特点和服装型号，尽可能将自己看中的迪奥时装都套在身上，这样的时髦让这些爱美的女士疯狂了。有一位美国的电影明星也来到时装屋订购了两套晚会礼服，然后穿着其中的一件晚礼服出席了一部电影的首映式，这让在现场的明星们都赞叹不已。于是，很多芝加哥的女士们来到了这里，选购着她们心仪的时装。不仅仅芝加哥，还有伦敦、罗马、布宜诺斯艾利斯、日本，甚至是非洲的人们都飞往巴黎，只为了得到一套迪奥时装屋的时装。有一位英国驻法国的大使夫人带着她的姐妹们也来到这里，当她发现自己带的现金不够时，她毫不犹豫地卖掉了自己的貂皮大衣。

克里斯汀·迪奥绝对没想到的是，这些为上流社会贵妇们设计的时装不仅在上流社会引起了极大的轰动，在平民社会中也有着极大的影响力，掀起了一场时装革新的风暴。

大批的法国女士都喜欢上了迪奥的时装，但是时装屋的时装并没有那么多，而且百分之八十的法国女士也没有那么多的现金用来支付这些有些昂贵的时装。于是，服装制造商们开始批量地生产有些走形的"花冠"时装，这些衣服无一例外地有着窄腰和低开口的胸衣。据说在某条街角处的小房子里有一位老婆婆，无论用什么布料，她都可以将一些潮流的时装样式模仿得很好，这也为很多爱美的女士提供了一个好去处。

不管怎样，这一场迪奥的旋风刮了太久太久，同时，它照亮了克里斯汀·迪奥的梦想，并且一直都闪闪发光地照耀下去。

4. 服装界的巨星

巴黎是一座美丽多情、浪漫神奇的城市，自从中世纪以来，它的文化传统一面保留着自己独特的印记，一面又形成了高度统一的标志，这其中，以时装制作最为典型。早在19世纪末成立的法国时装协会，也一直致力于将巴黎变成全世界的时装中心，这样的信念和宗旨从未动摇过。即使是在二战期间，关注时装的人将重心转移到了远离战场纷争的美国，但是随着战后一位服装设计师的新作品问世，巴黎时装之都一夜之间就收复失地了。

他就是独一无二的克里斯汀·迪奥。

有时候，梦想实现的那一瞬间是很简单的，而在实现之前的准备过程却是漫长而又艰辛的。但无疑，克里斯汀·迪奥把自己的梦想之路铺得十分仔细，每前进一步都是经过了周密的思考。于是，他可以坚定地在梦想之路上走得很远很远。

梦想的实现不仅仅是自己一个人的力量，还有许许多多身边人的关心和鼓励，他的朋友们全力支持着他去实现自己的计划，还有他的家人。虽然父母并不喜欢他从事这样的工作，但是，从小家庭环境的熏陶和母亲的影响，也是保证他设计天赋生长的肥沃土壤。还有，他的员工也为他的时装屋而全力以赴。

在时装展览会开始的前四天，巴黎还发生了一件十分轰动的事情：因为不满过低的工资待遇，整个巴黎的车间工人都被号召罢工上街抗议。游行抗议的人们高举着条幅和旗帜，喊着统一的口号，每一条街道都是乱哄哄的，每一条街道上都挤满了游行的工人和看热闹的人群。而克里斯汀·迪奥的时装屋却依然平静，没有一个缝纫女工离开自己的工作岗位，这让克里斯汀·迪奥感到十分欣慰。但是很快，从附近的时装公司冲出来一批工人强行地冲进了时装屋，跑到了工人们所在的工作车间，要求这里的女工为了巴黎所有工人的利益而放下手中的活，他们态度强硬地带走了所有的女工到街上去游行抗议。克里斯汀·迪奥想尽一切办法也无法阻止，最后他只能坐在楼梯上看着眼前的景象发呆，低垂着头沮丧地叹气。这简直就是一场灾难，那些未完成的作品、那些被散开的布料，还有那些承载了希冀的图纸，都定格在那一瞬间，他觉得自己的一切都被摧毁了。

克里斯汀·迪奥的朋友们得知了这一消息，他们都在第一时间赶到了时装屋，克里斯汀·贝拉尔、热内·格鲁奥、路易斯·布斯克……他们拿起了针线，代替女工们坐在那里给时装缝制衣袖和花边，他们用自己的行动给了克里斯汀·迪奥最直接的安慰和鼓励。两天之后，当罢工骚乱稍微地平息一点之后，那些女工又悄悄地回到了时装屋中，回到了她们的工作岗位上。

这就是克里斯汀·迪奥的精神支柱，他有着一群关心他、鼓励他的人，所以他可以轻松地面对自己的失意，也可以淡然地看待自己的成功。

有人说想要扭转乾坤，有时候只需要一个简单的充满豪情的手势就行。就像是1944年8月26日，戴高乐将军走到凯旋门时，他挥一挥臂膀，人们就欢呼着从星形广场跑向四面八方庆祝巴黎的解放，欢呼声和掌声让这座城市沸腾了。也就是那样振臂一呼，好像全法国的爱国情绪都被重新点燃了。

而克里斯汀·迪奥的设计也好像触发了某一种高昂的情绪。二战期间，街头上的人因为战乱而变得沮丧、消极、失落、悲伤，他们的衣着也是松松垮垮的，毫无精神可言。克里斯汀·迪奥的"New Look"就好像是黑暗中的一团火焰，照亮了所有人心中战后的创伤，它给予了人们一种希望，它让人们可以高昂着头颅、挺起胸膛，不再厌倦生活、不再冷漠堕落，它让人们感受到了新生活的美好，它让人们抬头去看天空中那颗美丽的、充满希望的太阳！

这就是克里斯汀·迪奥想要告诉人们的，他曾写道：我坚持要用"幸福"这个词。我知道阿尔封斯·都德曾经这样写道，他希望能感觉到他的作品，使他成为"一个幸福的人"。在我自己这一狭小领域里，我也在追求着这一梦想。我的第一批服装取的名称是"爱""温柔""花冠"和"幸福"。女人们必须从根本上明白，我要让她们不仅更漂亮，而且更幸福。她们用惠顾来报答我。

你看，克里斯汀·迪奥的想法其实很简单，他的梦想也很简单，他想将自己得到的那些鼓励和幸福都传递给巴黎那些还没有从战后打击中走出来的人们。他从来没有想过自己的"花冠"系列时装会在短时间内成为潮流的方向标，他甚至对此还有一些惊讶，不过他还是冷静下来开始思考自己的成功：

要我来分析与我的责任有关的这一社会时尚，我必须说，最重要的是，它代表了一种艺术回归，那种艺术就是如何让人愉悦的艺术……被人们热情地视为一种新风格的东西只不过真实地、自然地表达了我想看到的那种时尚。真是很碰巧，我个人的倾向与时代大众的心情刚好吻合一致，因而成了一种很时尚的东西……这就好像欧洲已厌倦了扔炸弹，而现在想放几颗鞭炮一样……迪奥公司的诞生得益于当时那种乐观主义形势和向一种文明幸福的理想的回归趋势。

作家科莱特曾经这样描述克里斯汀·迪奥的时装所引起的现象："它带来了一个时髦而昂贵的臀部，美国被征服了。美国人和英国人以及紧随其后的意大利人争相盛赞迪奥，说他从一开始就是卓越的代表者，是克里斯汀·迪奥在意大利和法国之间创造了时尚神话并使两个国家密切联系起来。"

不管怎么说，克里斯汀·迪奥成功了，这个一直不知道自己合适的职业是什么的男人，终于在他四十二岁这一年找到了自己的位置。而巴黎时装界也在这一年，升起了一颗巨星。

追求时髦的人不断地冲向蒙田大街30号，这个店面已经变得过于狭小了，克里斯汀·迪奥与马塞尔·布萨克商量过后，又另外开设了两间业务洽谈室。于是，一座崭新的七层大楼拔地而起，这座大楼还占用了马塞尔·布萨克的一处养马场。这对于一个喜爱马匹的人来说，应该是非常难得的，但是他为了克里斯汀·迪奥的梦想，十分乐意。

崭新就意味着新的开始、新的较量，无论今后的路途怎样，一个时装商业帝国就要崛起了。

第六章 建立时装商业帝国

1. 两个竞争对手的较量

　　一个融融的春日，一辆小汽车行驶在去往图尔市的路上。这座城市就在卢瓦尔河畔，有着典型的法国乡村风景和田园生活气息，克里斯汀·迪奥希望在举办第二次时装展览之前能够好好地休整一下。

　　在获得了巨大的成功之后，他并没有将自己沉浸在喜悦和享受中，他需要一些时间和空间来调整一下自己的身心。但是，他已经将时装屋与自己的生活紧紧地联系在一起了，他必须每天都要知道一些关于时装屋的情况。他的业务经理雅克·罗埃要每天向他发送报告，而他总是很耐心地看完这些报告，并且还要在报告下面写下自己的感想，这已经成为他的度假生活中不可或缺的一个惯例了。即使有这些工作，他还是觉得自己的度假生活很惬意，他在日记上写下了这样的感想，又或者说是一种预测：

　　抓紧时间享受这片刻的快乐吧！因为你的职业生涯中将不会再享受到这一刻的快乐，将来你也不会有时间享受这么多的快乐。明天将要忍受新的痛苦，如果可能的话，你要超越自己。

　　几个月之后的秋冬时装展览证明，这是克里斯汀·迪奥对自己预测的成功，他从来都不会刻意地去迎合人们的喜好，他也不会去推测自己的哪一件作品会让人心满意足，他只在意自己的灵感和设计创作。他的时装都带着他内心深处的直觉和感受。他再一次将自已全身心地投入到1947年—1948年的秋冬时装展的创作中来，他把奢华程度又加大了一些。

很多媒体错过了克里斯汀·迪奥的第一次时装展，他们不想再错过第二次，于是，他们不远万里地来到巴黎，想要目睹克里斯汀·迪奥的时装风采。如果说有一些媒体还停留在克里斯汀·迪奥的成功是侥幸的话，那么这一次的展览已经足以说明"New Look"时装在当时的绝对领导地位。

当时的《法国先驱论坛报》的时尚版面上就对这一次秋冬发布会作了这样的描述：这是一次狂热的时装发布会！这些套裙更长、更加宽大！我认为著名的新风貌女性服装系列将会走向极致……使用不可思议的纺织面料并且褶边刚好下垂到脚踝。他再一次引领了时尚的风潮，更加巩固了新风貌女性服装系列的主导地位，而且比以往更加坚实地确立了迪奥的服饰品位。迪奥坚持己见并且施展才华的魄力无法阻挡，而且又一次地成为时装界的风向标。

蒙田大街30号的小屋中永远都是满满的，不光有漂亮的衣服，还有带着希望而来、高兴而归的那些狂热地崇拜着克里斯汀·迪奥的女士。时装小屋简直是彻夜不眠，女店员们常常需要工作到深夜两三点钟，而且顾客们还要提前预约，这样店员才会有时间为顾客们安排更好的服务。

据说在法国的上流社会，女士们一天至少会换四次衣服，并且除选择衣服的时间不谈，其余的时间都是花在选择配饰、珠宝还有相衬的发型上面了。这就是上流社会的日常生活，听起来好像有些不可思议，但确实是那个时代的真实写照。因为，如果你喝下午茶的时候还穿着午餐时的衣服，那么你的品位会受到耻笑。

时装是上流社会的女士永远最爱的消遣。根据资料显示，巴黎的时装产业是整个法国甚至是全世界利用最少的资源却创造出了最多利润的产业之一。一件价值几百万法郎的高级时装，成本可能不会超过几百法郎。就是这样高的利润，会让很多人向往着到时装界去发展自己的事业，但是时装屋并不是每个人都能建立起来的，因为资金是一大问题，最重要的还是设计者的才华。

克里斯汀·迪奥的才华让人们相信，这间时装屋就是一个潮流的风向标。他吸引了越来越多的目光，无数的名媛贵妇、时尚爱好者都喜欢来到这里，找寻一款她们梦寐以求的时装，然后尽情地展示出自己对于时尚的追求和崇拜。但是，这样的繁荣背后也有了竞争和较量，巴黎的高级时装屋总共也就那么几家，人们被克里斯汀·迪奥的设计所倾倒之后，就会将原来的时装屋抛之脑后，即使她们偶尔顾及面子还要去曾经光临过的时装屋转上几圈，但是她们在出门之后，几乎是奔跑着去克里斯汀·迪奥的时装屋，然后耗上一个下午的时光，选购着自己倾心的时装，这让很多时装屋渐渐地冷清了。

克里斯汀·迪奥完全颠覆了当时以现代主义为主导的简洁风格，这是另一著名的时装公司的创始人香奈儿提出的。她设计的服装都是偏于男性化的"假小子"风格，而且她的一生也是颇为传奇。而克里斯汀·迪奥是将先前的古典和奢华带到了人们的面前，这让香奈儿十分不满，她甚至提出了尖刻的批评："迪奥？他不是给女人穿上衣服，他只是给女人随便披上衣服！"

事实上，这并不是反对克里斯汀·迪奥时装唯一的声音。

通常情况下，这些才华横溢的服装设计师是很难成为朋友的，因为他们常常觉得自己的艺术见解是最为出色的，而且地位越高的设计师越会有这样的优越感，巴伦西亚与克里斯汀·迪奥的较量就是一个很典型的例子。

作为纯粹主义者的巴伦西亚也是一位具有天赋和才华的设计师，他最大的特点就是充分地利用每一块布料，从而用这些每一块都发挥出特点的布料缝制成一件独特的时装。他觉得无法理解克里斯汀·迪奥那种只缝制几下或者将绢纱布料做得很笔挺的设计，他觉得那是一种对于艺术的犯罪。比如有一次，贝蒂·巴拉迪请巴伦西亚到她的家里做客，她还向这位客人展示了自己刚刚在迪奥时装屋买到的一件新裙子，她想穿在身上给大家展示，但是她的丈夫拒绝为自己扣上后背上的三十颗扣子。于是，她请求巴伦西亚帮忙，等到巴伦西亚扣到一半的时候，他简直是气急败坏地大喊："克里斯汀·迪奥一定是疯了，不，他简直就是一个疯子！这简直就是在亵渎时装！亵渎！"

巴伦西亚比克里斯汀·迪奥出名得早，实际上，巴伦西亚确实才华横溢，他的作品有一种独特的美感，让人感觉到一种西班牙的异域风情，所以他被称为"服装界的毕加索"。这一点是克里斯汀·迪奥也赞叹不已的，他将巴伦西亚尊称为"我们的大师"，但是，在与朋友们私底下谈论的时候，迪奥总爱说"那个高傲的家伙"！

虽然克里斯汀·迪奥这样称呼巴伦西亚，但是他无意与巴伦西亚为敌。他在偶然中得知，自己的"新风貌"时装让更多的女士们放弃原来的老关系、老去处而来到了自己的时装屋，这使得很多时装屋都开始冷清下来。这其中就有巴伦西亚的店铺，而且，就是因为这个，巴伦西亚在举办自己的时装展览的时候，甚至会拒绝出来向观众们致意。这个倔强的西班牙人虽然没有刻意地表现出自己的不满，但是毕竟他还要跟朋友们吐露自己的心事。克里斯汀·迪奥听说之后，虽然心有愧疚，但是他不知道自己能做些什么。

1949年7月，巴黎的妇女时装联合会下属的制衣车间里的工人因为劳资纠纷开始罢工游行抗议了。这时的巴伦西亚正在准备他的时装展览会，而工人们的罢工严重影响了他筹备展览会的进度。克里斯汀·迪奥的时装屋不属于妇女时装联合会，并没有受到太大的影响。当他听说了巴伦西亚面临的困境时，经历过这样挫折的克里斯汀·迪奥知道这是非常难受的，于是他和几位朋友一同去看望巴伦西亚，并表示要为巴伦西亚提供一些帮助。这个举动虽然让巴伦西亚很感动，但他还是拒绝了克里斯汀·迪奥的好意，因为他的高傲不容许自己接受那些馈赠，他想要靠自己挺过去。

最终，巴伦西亚由于一些不可抗拒的情况不得不宣布自己的公司被迫关闭时，克里斯汀·迪奥还悲伤地说过这是巴黎服装界的损失。

两个同时代的伟大服装设计大师曾经引起过很多人的争论，他们一直猜测这两个人会如何将这台对手戏唱下去，但是克里斯汀·迪奥和巴伦西亚之间的关系并没有人们想象得那样复杂。而且克里斯汀·迪奥从心底里还是很佩服这个倔强的大师的，有一位时装史学家是这样描述两个人的地位的：他们两个就像两只德高望重的猫，都坐在客厅里面最舒服的两张沙发上，离得很近又很遥远，他们相互尊重、相互敬佩，但是由于一些理念上的不同，导致他们中间好像有一堵无法逾越的墙。

不管怎样，克里斯汀·迪奥在当时的影响力都是非凡的，而且，他的影响力还在继续……

2. 时装界奥斯卡

克里斯汀·迪奥说过："自然一些，真诚一些，一个人不用去追求革命，往往就能开创革命。"

这一句话可以表明克里斯汀·迪奥有一颗与世无争的心灵。他用自己的真诚和自然去砍断梦想征途中的荆棘，于是他得到了最纯真的回报。这一场迪奥旋风就是将他卷向了一个全新的世界，一个充满着快乐和幸福的世界，一个将他准确定位的世界。

1950年的时候，克里斯汀·迪奥除了正常的工作之外，还为各种演出设计演出服装，当然这其中有很大一部分是为他的朋友们免费设计的，但这项工作还是给了克里斯汀·迪奥很大的乐趣。这让他想起了儿时的格朗维尔狂欢节，还有"屋顶之牛"的酒吧逍遥岁月，那些记忆里都有那些造型夸张奇特、颜色鲜艳夺目的服装。而且，克里斯汀·迪奥又在这些儿时的记忆加上了自己的设计灵感，使得很多的演出服装变得更加生动出色。比如，他为勒内·克莱尔的《沉默是金》和格雷维尔的《就爱一晚上》设计的服装，被评为是经典之作。

不光是戏剧演出，他还为电影中的演员们设计适合的服装，他的老顾客玛德琳·迪特里就在出演的好几部电影里穿过克里斯汀·迪奥专门设计的几套服装，她穿着平纹细布的紧身裤和长裙，这样她的身材曲线就十分动人了。还有一位女演员米尔娜·罗埃在出演电影《大使的女儿》时，也穿了迪奥设计的服装。同年，他还为马克·罗布逊导演的电影《小棚屋》的演员们加做了十四套服装。

134

　　虽然克里斯汀·迪奥十分热衷于为演出或者电影设计服装，但是他也有自己的原则。制片人克里斯汀·热那尔找到了克里斯汀·迪奥，向他谈起了最近一位颇具人气的女演员布里吉特·巴尔多，她聪明可爱、温柔迷人，并且已经参演了十六部电影，她已经被无数人熟悉并喜爱了。克里斯汀·迪奥听着这位制片人在夸奖自己的女演员时，心中就已经明白了是怎么回事。他问制片人是不是又要拜托自己设计几套服装，制片人笑笑说："我们马上要拍摄一部影片，名字叫做《新娘真美丽》，而布里吉特·巴尔多就是这部片子的主角。因为这部影片里还有一场结婚的戏，如果新娘能够穿着你设计的那套婚礼礼服，那么对你的时装屋来说，也算是一个非常好的宣传！"

　　克里斯汀·迪奥觉得非常不可理喻，他立刻斩钉截铁地拒绝了这位制片人的提议。他热爱自己的设计，他也有自己的设计原则，因为他已经将这套礼服卖给了一位老顾客。而且，他不能容忍自己精心设计的服装变成荧幕上的一个道具，他希望这套礼服能够在合适的场合展现出它的特点和美感，而不是充当一个毫无生气的道具。这就是克里斯汀·迪奥，他坚持着自己的感觉，哪怕这会因此而得罪一些高贵的顾客。

每次办完展览会的克里斯汀·迪奥都会马上"消失"。他还是不习惯那种喧嚣的、繁乱的场面，他宁愿躲在自己的花园里，坐在花草树木之间，想着一些不着边际的事情，思绪好像完全放空了，什么都不用想，什么都不用做，就是静静地坐着，感受着自己内心的平静，或者他要继续他的"建筑"事业。

他在自己第一次成功之后就买了一座旧磨坊，最初买下这块地方的时候，"简直就是一个沼泽地上的坑"。但是这让克里斯汀·迪奥非常高兴，因为他可以继续自己没有实现的建筑师梦想，他要把这里打造成自己想象中的样子。第二年，他就在旧磨坊旁边建起了一座座小屋，花草铺满了小路的两边空地，屋舍的旁边甚至还有一个花园。他一点一点地改造这里，就好像是儿时总喜欢玩的游戏，给自己建造一座城堡一样，这里就是他的"休闲城堡"，每到展览会结束后或者周末度假，他都会来到这里，其乐融融。

迪奥旋风已经在巴黎乃至法国吹了很久，现在它开始漂洋过海，停留在美国。实际上，经过茫茫海洋的这场旋风不但没有减弱，反而变得更加势不可挡，成了一场突如其来的龙卷风。就在克里斯汀·迪奥的第一次服装发布会结束后不久，他设计的"新风貌"在一夜之间就风靡了美国的大街小巷。

1947年，美国得克萨斯州一家著名的奢侈食品公司为克里斯汀·迪奥颁发了一个"时装界奥斯卡"的奖项，这个奖项设立的初衷就是为了在全世界范围内表彰那些优秀的服装设计师。奢侈食品公司的总经理还热情地邀请克里斯汀·迪奥亲自到美国接受奖项。克里斯汀·迪奥起初是不愿意漂洋过海到大西洋彼岸去的，因为他真的很恋家，但在一番深思熟虑之后还是决定跨越大西洋，他想到那个发达的国度去好好地了解那里的女士们的衣着文化。还有最重要的一点，就是这个奖项是第一次颁发给法国人，强烈的爱国之心让他觉得自己十分有必要到美国去！

1947年9月份的海上，天气十分晴朗，克里斯汀·迪奥就在阳光最灿烂的时候乘着"伊丽莎白女王号"出发了。

这是一艘英国轮船，克里斯汀·迪奥很喜爱英国文化，无论是烹饪还是传统、建筑、风俗……除了自己的祖国和英国，克里斯汀·迪奥觉得没有哪一个国家还可以让自己这样着迷。

这一次航行，克里斯汀·迪奥是一个人出发的，但是他并不觉得孤单，因为他在船上结识了很多的好朋友，而这些朋友又以办杂志的工作人员居多，他们谈论着各种话题，十分投机。克里斯汀·迪奥也从这些朋友的口中得知美国的一些事情，这在很大程度上缓解了他的一些"文化焦虑"。海上的景色也非同寻常，航船破浪前行，微风吹拂着甲板上的人们，还有那些不知名的海鸟和美丽的鱼群，这一切都显得真实而有趣。后来，他用一些词汇来描述了自己的这一次航行：我激动得忘乎所以，我完全忘了我出生的那个旧大陆。我的埃菲尔铁塔和它那玉带似的美丽身影显得非常遥远。我为眼前的这一切陶醉了。

航行的旅程是美好的，在登上美国陆地的那一刻，克里斯汀·迪奥的心情有一些激动，更多的还是对于这个陌生国度的好奇。在过海关的时候，检查证件的工作人员认出了他，还向他微笑着开玩笑："这不是那位有才华的设计师吗？您怎么看待裙子的长度？"

克里斯汀·迪奥没想到在异国他乡还会有人认识他，这让他简直是受宠若惊。过道的那一边早就等待了大批的媒体记者，闪光灯和照相机都已经准备就绪，这些都不及一个工作人员跟他开个玩笑来得更真实。不管怎样，他觉得这是美国之行的一个好的开始。

高耸入云的摩天大楼，街道上奔驰的汽车，还有匆匆行走的路人，两旁的商店橱窗里有着漂亮的灯光，有一种温暖的朦胧感。克里斯汀·迪奥站在美国的土地上，到处都是让他新奇的景观和事物，他看着这里的一切，在心中对自己说："我会征服这个国家！"

克里斯汀·迪奥一直是一个沉稳而内向的人，他不善于在公开的场合抛头露面，但是他觉得既然想要"征服"这个国家，那么就要拿出一些勇气和魄力。他想起了自己在"屋顶之牛"总是扮演各具特色的人物形象，他要在接下来的日子做出一个高级服装设计师的样子来。好在他曾经结识的那些在美国的朋友也来到了他的身边，这也让他更有勇气去应对一次次的记者招待会、新闻发布会、采访……他不知道自己已经成功地改变了过去的种种，他已经从黑暗的幕后走上了更大的舞台！

3. 迪奥时装遍布美国

如果你想要征服一个世界，那就需要有足够的勇气和耐心，你还要有一种乐观的精神，用一种博大的胸襟、高尚的道德、卓越的智慧，还有出众的才华来征服人们的心灵，这才算是最强大的精神征服。而克里斯汀·迪奥就是想要用自己的设计理念和创作构想来征服这里的人们。

克里斯汀·迪奥已经成为了美国风格的媒体人物。最初，他的形象让美国媒体有一些失望，因为在这些媒体记者的心中，天才设计师应该是风流倜傥的，或者至少也应该是气质脱俗清新的。但是，克里斯汀·迪奥的形象完全不是他们想象中的样子：他过早谢顶的头颅上有一张圆形的脸，他的身段是梨的形状，矮而且胖。但是这位设计师十分幽默，还有他的妙语连珠可以让人感受到他的内在气质。

克里斯汀·迪奥已经能够对那些公众场面应对自如了，而且他在四处奔走的行程中也听到了一些反对自己的声音，这是很正常的。因为一种文化来袭时，保守的本土文化在最开始总会有一些抗拒，这是一个磨合适应的过程。

在纽约停留了两天之后，他飞往了得克萨斯。在这里，竟然有三千多人在举行抗议活动，这是一种真实的反抗，因为在美国，妇女是有参政权利的。

这样的抗议声最初是由一位名叫露易丝·霍恩的女士发起的。最初她还是迪奥服装的忠实拥护者，为此她还买了一条"新风貌"样式的长裙，但是在她坐公共汽车的时候，下车因为没有及时地护住裙子，长裙被夹到了汽车自动门上，而她就这样被拖着跑了长达一站地的时间。这让她大为光火，于是她召集了一千多名反感迪奥设计的妇女，组织了一个名为"膝盖为止的俱乐部"。她们一直认为长裙是一种危险的服装款式，而且，在这些反对者中还有一些演艺界的知名人士。美国政府并没有出面制止这样的行为，还发展到了每一个城市都有一些反对者俱乐部的规模。这样，克里斯汀·迪奥到各个城市作采访的时候，他们都会适时地举着抗议的大旗出现。

后来，一些美国妇女的丈夫们也加入到这样的抗议中来，他们用一些金钱支付的票据来支撑着自己的抗议：这样的"新风貌"款式的服装用的布料很多，他们不得不支付过多的昂贵的支票。他们还形成了一个"破产丈夫联盟"，这样可以更好地表达出他们的愤怒。

克里斯汀·迪奥听到了这些来自于四面八方的坏消息，但是他告诉自己，千万不要因此而显示出懦弱或者愤怒之类的情绪。这样的抗议或者争论持续得越久，越会让更多的人知道迪奥这一服装品牌，也会让迪奥这个品牌宣传得更加充分，他从来不会刻意回避这样的场面。

他在给雅各·鲁埃的信中写道：围绕"新风貌"展开的这场战斗激起了轩然大波。两位美国设计师，艾德里安和苏菲·金贝尔已经对《时尚》和《时尚芭莎》进行了攻击，并且间接地攻击了我。这是最好的宣传，我的名字从来没有像现在这样受到广泛的关注。

最激动人心的时刻要来临了，克里斯汀·迪奥要在几千人面前的一个镀金的演讲台上接受这个"时装界奥斯卡"的奖项。上台之前他有一些紧张，但是站在台上的那一刻，他的灵感源源不断地涌现，谈及到争论颇多的长裙，他更是侃侃而谈。他向观众讲述了自己为何如此喜爱长裙，他还将自己的故事分享给大家，这引起了台下观众持久而热烈的掌声。他用自己的原则和性情向美国人展示了一个温和谦逊、彬彬有礼的时装设计师形象。

很多美国公众继续支持着这样一位不高傲的设计师，美国的各大媒体也都争先报道着评论家们的各自观点，支持和反对的评价每天都在报纸的头版头条上演。一向以严肃而著称的《华尔街日报》甚至还为此专门作了一项调查，统计人们对于"新风貌"的态度。结果是让人吃惊的，支持者的数量远远超过了反对者，这个结果让那些评论家瞠目结舌、哭笑不得。也许那些"声势浩大"的反对"新风貌"的妇女在白天还呼喊着口号，而到了晚上却在调查表上"是否喜欢新风貌"一栏选项中，悄悄地写下了"是"！

这让那些反对的美国丈夫也吃惊不已，这样的结果让他们迷惑了，为什么这些妇女会热衷于这样的服装款式：二十多米的纤维布料、长长的手套、繁杂的装饰品，这些都只适合于有着大把的空闲时间、每天的生活就是闲逛的贵妇，根本就不适合朝九晚五的上班族。为什么她们愿意脱下方便休闲的服装而穿上这样的古典服饰呢？也许，时装的流行是只知道球赛、汽车、啤酒的男人永远都弄不懂的问题吧！或者说，大多数的男人是很难理解时装种在女人们心中的魔咒的！

奢侈食品公司的斯坦利无疑也是一名十分具有商业头脑的商人，他设立这样的一个奖项就是为了将所有美国人的目光都吸引到达拉斯。他从1906年开始就经营着美国最大的高档百货商品店，他笃定自己的眼光和决定一直都是准确无误的，因此他要坚定不移地支持着克里斯汀·迪奥的设计，他要将这场迪奥旋风刮得越来越强烈，这会给美国带来更多的清新空气，也会为自己和公司带来更多的利益。不过，斯坦利确实很喜欢这位友好的法国人，而且他和这位法国人的友谊也是永久而纯真的！

美国制衣机器又开始轰鸣起来，这一次生产的都是克里斯汀·迪奥设计的服装样式，一些本土的服装设计师也开始将克里斯汀·迪奥的设计理念运用到服装生产的流水线上。比如那种"马格雷夫"品牌的短尾女装，上身是开领极低的黑绸缎胸衣，下身是迪奥的经典"花冠"样式，只不过腰线被提升了一些，而且这件服装的定价才四百美元。这种服装被挂到了一家百货公司的橱窗里，很快就被抢购一空，后来又出现很多的仿制样式，价格也变得越来越低廉。这样，在很多地方都出现了这种服装的翻版，但是销售量却在短时间内直线上升。

　　很快，美国的各个商店都有了"新风貌"时装，迪奥的设计理念被无限放大，并且成功地进军了美国的大众市场。本来克里斯汀·迪奥应该为自己的设计被"糟蹋"得惨不忍睹而伤心的，但是，让他自己都感到意外的是，他可以将这些都忽略不计，相反他觉得有一些开心和得意。因为，他知道自己的"新风貌"已经成功地征服了这里的民众，即使是这些设计理念被"翻新"了一下，可事实证明，这样的"翻新"更易于被美国民众所接受。

　　这就像是一个启发，他的灵感大门又缓缓地敞开了，他强烈的好奇心让他的艺术世界又有了新鲜的创意和构想了！

4. 进驻第五大街

　　美国之行让克里斯汀·迪奥感受到了不同的艺术感染力，他觉得自己好像打开了一个灵感的魔力盒子，他潜在的创造基因正在不断地被激发出来。这里的一切都可以成为他的设计构想，而且看着遍布美国的迪奥样式的服装，他觉得自己可以做得更多。

虽然，美国街头遍布价格不等的具有迪奥特色的服装，但是，克里斯汀·迪奥还是想要做出完美的设计作品。他在这里发现了一个有趣的现象，美国的女士们虽然热爱时髦，但是她们只会买下现成的服装，而不知道怎样去搭配服装的款式。而且，美国的制衣行业虽然很发达，种类繁多，但是服装之间的差别很小，档次也没有拉开，并且这里并不像法国的时装屋那样可以在一个地方买到一整套搭配好的服饰，这里好像没有奢侈品的市场。或者说，这里不是高档时装的世界。此外，还有一个很重要的原因，虽然他可以习惯自己设计的"新风貌"被改造得面目全非并遍布美国的大街小巷，但是他看到这些服装的价格与自己时装屋的服装价格差了几十倍甚至几百倍的时候，这是他无论如何都容忍不了的。从最初开始，他就是将自己的客户群体定位在上流社会的名媛贵妇中，这样的仿制甚至是粗制滥造是他最想要去改变的现状。而且，与巴黎不同的是，这里的高档服装都是在百货公司中销售的，时装屋在美国是没有的。

克里斯汀·迪奥就像是一个需要真实数据的实验者，他将自己观察到的种种现象都联系在一起，潜心研究后得出了一个结论，而这个结论又让他有了新的想法：如果可以在这里建立一个商业性的时装系统，那么这里就是热爱时装的妇女的天堂。

克里斯汀·迪奥开始摩拳擦掌，他准备了太久太久，只为了能够将自己的梦想果实培育得越来越丰硕，他还专门给雅克·罗埃写了一封信，说明了美国的时尚风格：

　　和我们那边不同，美国的女人往往不会花费太多的时间在购物上面，她们绝对不会像巴黎的女人一样计划好要买的衣服，而是随意地走进那些百货商店中随意地购买。她们似乎知道这件衣服会很快被自己所厌烦，所以她们的购物习惯总是仓促形成的。你根本无法想象一个如此富裕的国家在时装的选择上竟然是如此随便。

　　他还在信中提到了自己的计划，他甚至已经开始在考虑如何办理许可证的相关条款了，他已经不再是当初那个不知道如何为自己奋斗的害羞青年了，他被一种成功的愿望驱使着，他觉得自己这一次好像正在扮演生命的主角，其实，他自己的思想已经发生了太大的变化，只是他还没有意识到而已。

　　于是，这一次，他将目光放到了繁华的纽约的第五大街。

　　位于纽约曼哈顿中央大街的第五大街简直就是"最高品质与品位"的代名词，这里的高楼大厦林立，玻璃幕墙闪闪发亮，西装革履的男人们和穿着时尚高贵的女士们都带着公文包，他们优雅地进出着大楼，显示着与众不同的优越。第五大街从当初一个名不经传的乡间土路变成了如今纽约市的商业中心、住宅中心、文化中心和购物中心。

　　这里的繁华和高贵让克里斯汀·迪奥十分满意，他不断地将自己日渐成熟的想法告诉雅克·罗埃。然而后者已经被一堆公务搞得头昏脑涨了，但他还是努力地完成克里斯汀·迪奥交给他的各种各样的任务。这并不是他的办事效率高，而是迪奥时装屋的投资人马塞尔·布萨克在看到克里斯汀·迪奥的巨大成功后，放心地再一次做出了投资。

　　事实证明，马塞尔·布萨克的决定确实都不会失误，迪奥时装屋建立的第一年就开始赢利了，从1947年到1949年，它的营业额从第一年的一百二十万法郎增加到一千二百七十九万法郎。

　　大多数的商业公司在最初成立的几年里是实力最薄弱的时候，因为它牵涉到经营管理等方方面面的问题。然而，克里斯汀·迪奥的首次展览成功就证明了一切，它为最大的投资人赢回了相当高的投资回报，这让马塞尔·布萨克更加坚定了自己投资的信心，而且他知道自己的决定从来都不会有失误。克里斯汀·迪奥提出要在纽约建立公司的时候，他又毫不犹豫地将自己拥有的总资产的一半投给了克里斯汀·迪奥的纽约公司。他还派遣了两个人去帮助克里斯汀·迪奥做一些前期工作，并且还聘用了海伦·恩格尔夫人做总经理。这个女人是一位随丈夫在美国定居多年的移民，她拥有着一半俄罗斯和一半瑞士的血统，而且在纽约的上流社会有着一定的地位。

　　值得一提的是，虽然马塞尔·布萨克每次都是毫不犹豫地为克里斯汀·迪奥投资时装行业，他对于服装却没有什么兴趣，他只是出于对克里斯汀·迪奥才华的欣赏以及两人之间的友谊。有意思的是，他们两个人见面的次数却寥寥无几，马塞尔·布萨克从来都没有邀请过克里斯汀·迪奥到自己的豪宅去做客，而克里斯汀·迪奥也从来都不会去参加马塞尔·布萨克的一些聚会，两个人都各自生活在自己的世界里，这些都不影响两个人之间牢固的信任，而且他们中间还有一位十分善于处理人际关系的人物——亨利·法约尔。他充满活力的办事风格，将两个人之间的一切都打理得很完善，他确实是一位了不起的"监工"。

1948年11月8日，一场盛大的时装展开幕式在纽约第五大街730号如期举行。布满鲜花的地毯迎接着所有的来宾，透明的、巨大的玻璃橱窗光可鉴人，克里斯汀·迪奥站在店铺的门前，笑意盈盈地看着来往如梭的顾客。他还将蒙田大街30号的一半员工带来帮忙，一位在本地聘用的助手事后回忆说：

"纽约的所有负责人士都到场了。玛琳娜·底特里希及其他一大帮人穿金戴银地来到了现场。我们都喜爱迪奥，他是一位真正的绅士。我们像牛马一样，甘心为他效力。"

当时，克里斯汀·迪奥有一种短配上衣，被命名为"鲍比"，这种套装一上市就大受好评，并且保持着一连八个季度都有着不错的销售纪录。

克里斯汀·迪奥又向前迈了一大步，他开始走向国际舞台，他已经知道了如何去建立和巩固自己的梦想之城。终究会有一天，他要在全世界建立一座时尚帝国！

第七章 用『灵魂』征服世界

1. 品牌延伸

克里斯汀·迪奥这个名字在法国是一位高级服装设计师的名字，也是一家广受称赞的高档时装品牌。但是，在美国，这是一个奢侈、顶级、华贵、典雅的代名词。

克里斯汀·迪奥踌躇满志地开始了在美国的打拼，这里的服装销售似乎比在法国要容易，但是有时候又会有一些小问题。

店铺里的经营与法国的时装屋是差不多的，而且克里斯汀·迪奥也会经常为自己的顾客们讲解一些有关时装搭配的经验，他一直都致力于帮助顾客们树立起正确合理的审美观念。但是，他要提醒缝纫工注意，在美国的时装型号要比法国的时装型号大一些，而且还要适合不同的气候。

美国有着强大的机器、大批量生产制造的能力，这也带动更多的服装制造行业，这就是克里斯汀·迪奥独到的经营之处。他既利用迪奥品牌的影响力，又利用了美国时装制度的强大动力，他觉得自己的店铺很有竞争力。

在他如火如荼地经营着巴黎和纽约的时装店的时候，一位朋友的提议让他想到了建立时尚帝国的下一步计划——品牌延伸。

儿时的格朗维尔在克里斯汀·迪奥的记忆里一直都是充满魔力无法忘却的，他在格朗维尔遇到的每一个童年伙伴后来都成了他一生的好朋友。比如一直都在帮他打理时装屋的苏珊·卢琳和尼克拉·里昂。在最初建立时装屋的时候，正是有这些朋友的鼓励和帮助，克里斯汀·迪奥才会变得更有自信。很快，又有一位童年的伙伴加入到这个队伍中来，那就是塞尔日·赫夫特勒·路易希。

赫夫特勒·路易希经营香水公司二十五年了，他在梅尔莫兹大街还有一家分公司。他和克里斯汀·迪奥两个人在成长的过程中一直都有着紧密的联系，而且，克里斯汀·迪奥还是赫夫特勒·路易希小儿子让·马克·赫夫特勒的教父。看着自己的朋友将时装屋经营得风生水起，赫夫特勒·路易希萌生了一个想法，他希望自己的朋友克里斯汀·迪奥的公司也能发展香水业务。

1947年12月份的一个寒冷日子，赫夫特勒·路易希和克里斯汀·迪奥一如既往地相约在玛德莱娜广场上的一家餐厅喝下午茶。这家餐厅的糕点十分有名，透过大大的彩色玻璃窗可以看见外面笔直的梧桐树，广场上的喷泉落下的水珠晶莹剔透，反射出一种朦胧的七彩色。身边的孩子们都在欢快地吃着美味的糕点，他们不懂大人们的世界，他们只知道在这样阳光正好的餐厅里吃糕点是一件很幸福的事情。

赫夫特勒·路易希在与克里斯汀·迪奥谈论了一番老朋友们的近况之后，他笑了笑说："你觉得我们一起开一家香水公司怎么样？"

克里斯汀·迪奥为身边的让·马克·赫夫特勒擦去嘴角的椰奶糕点的残渣后，抬起头问："什么？"

赫夫特勒·路易希说："我想和你一起合伙开一家香水公司，你现在的时装屋已经非常出名了，为什么不考虑一下品牌延伸呢？你的时装公司面向的对象都是女性，香水对于她们来说，也占了一个相当重要的位置！我想加入你的公司，但是我不想放弃我的香水行业，我们可以再创造出一个奇迹！"

奇迹、品牌延伸，这两个词汇在克里斯汀·迪奥的脑海里不断地打转，如果想要将自己的品牌继续扩大的话，就要考虑到各种各样的可以延伸的途径，香水也是一个赢利相当可观的行业。克里斯汀·迪奥笑着说："这确实是一个好提议！"

香水是一个与服装毫无关系的产业，而且马塞尔·布萨克没有权力过问与母公司无关的子公司。他也不想过多地束缚克里斯汀·迪奥。这一点，克里斯汀·迪奥十分清楚。

两个人在达成了一致的协议之后，克里斯汀·迪奥就向马塞尔·布萨克说明了这些情况，而马塞尔·布萨克也很高兴地同意了。

1948年3月4日，以克里斯汀·迪奥的名字命名的香水公司正式成立了，赫夫特勒·路易希也在克里斯汀·迪奥的公司入股，总投资额达两百万法郎。克里斯汀·迪奥的股份为百分之二十五；赫夫特勒·路易希占百分之三十五；马塞尔·布萨克占百分之四十的股份。克里斯汀·迪奥将这种香水品牌命名为"Miss Dior"。

其实，克里斯汀·迪奥还是将精力都放在了时装设计上。最初，他成立这样的香水公司，纯粹就是为了帮助自己的朋友，但是在了解了怎样配制香水之后，他对香水也产生了极大的兴趣，他也跟随着研制香水的员工共同工作。他还饶有兴致地将自己配制出来的香水给公司里的女员工喷洒试验，他需要知道这样的香味是不是女士们需要的那种。迪奥曾这样说："香水是一扇通往全新世界的大门，所以我选择制造香水，哪怕你仅在香水旁边逗留一会儿，你便能感受到我的设计魅力。我所打扮的每一位女性都散发出朦胧诱人的雅性，香水是女性个性不可或缺的补充，只有它才能点缀我的衣裳，让它更加完美。它和时装一起使得女人们风情万种。"

新式香水是一种植物性绿色的西普香水，这显示出克里斯汀·迪奥对花朵的无限向往和热情。香水瓶也是克里斯汀·迪奥亲自设计的，灵感就来源于他一直推崇的女性柔美的曲线，瓶身是双耳细颈椭圆形的，这表示着克里斯汀·迪奥对花样女子的崇高敬意。

香水的研发工作告一段落，接下来就是香水的宣传阶段了。

那个时代的宣传手段与今天的不同，克里斯汀·迪奥让朋友画了一张海报贴出去就可以了。海报上画着一只白色的天鹅划过了橘黄色的矢车菊花海，它的脖子上有一根白色的珍珠项链以及丝绒黑色领结。这张海报上的形象后来在世界各地被广泛采用，香水的包装盒设计也十分考究，体现着大方高贵的特点。

克里斯汀·迪奥十分喜爱这张海报上的形象，这让他想起了自己和朋友们在一起的欢乐时光。亨利·索格还为"Miss Dior"写了一曲华尔兹舞曲。

自从克里斯汀·迪奥创建了香水品牌之后，更多来自各个领域的品牌商人都慕名而来。比如一位美国女袜制造商总是来到办公室询问克里斯汀·迪奥有没有兴趣看一看那些彩色的长袜；几位丝绸商人还对克里斯汀·迪奥说起了他们的丝绸头巾，上面印有一些极富设计感的图案，他们希望可以放在迪奥的店铺里出售……这些商人让迪奥公司得到了一大笔美金，公司又有了运转的资金，一切都在向着好的方向发展。

1948年10月，克里斯汀·迪奥将旗下的香水公司在纽约正式设立了分店。

1949年尤里乌斯·泽凯公司同克里斯汀·迪奥签订了第一份生产"克里斯汀·迪奥女袜"的生产许可合同。同年，克里斯汀·迪奥香水有限公司推出了"Dior Homme"香水。

1950年，斯特和摩立特公司签下来生产"克里斯汀·迪奥领带和领饰"的生产许可证。接下来迪奥又在纽约成立了克里斯汀·迪奥裘衣公司和克里斯汀·迪奥出口公司。

品牌的延伸是克里斯汀·迪奥建立时尚帝国精准的一步。接下来，他要带领着迪奥品牌走向全世界。

2. 推向全球的时尚

闪耀的镁光灯下，美丽的模特高昂着头颅，迈着优雅的巴黎一字步，她们穿着迪奥品牌的时装，带领着观众一同走向时尚界更远的未来。

迪奥品牌已经成为时尚界的潮流风向标了。在美国第五大街的那家迪奥时装店是一处用做系列套装展示的地方，如果想要购买，还要去百货商店或者专门的服装店。这是他在认真地观察了美国时装业的操作方式之后想出的一种新的经营模式。

由于迪奥时装在美国受到盛赞，他又决定在美国的各大城市寻找代售店铺。经过对比和调查,克里斯汀·迪奥在美国全境确定了一百六十家代理商,随后又逐渐扩大到了二百五十家,这些店铺都由纽约第五大街730号统一管理,一旦出现纰漏或者问题,都由海伦·恩格尔夫人处理,严重的可以直接取消其售卖资格。

正因为美国服装制造业的发达,市面上也出现了大量粗制滥造的"盗版"服装。克里斯汀·迪奥发现了这一问题,他挺身而出,捍卫妇女时装的气节和声誉。

比如雅克·罗埃建议克里斯汀·迪奥先将自己设计出来的款式卖出去,允许客户有复制的权力。反正公司不管怎样阻止,也都会有人不断地复制迪奥的时装,为什么不先把"解释权"卖出去来赢得一些利润呢?

具体的实行方法是这样的:

在人们参加完蒙田大街30号的展览会之后,如果他们想要购买这些服装,就要先交付六万法郎的定金才可以买下。这其中还有两种途径:一种是为这些客户提供制作时装所需要的布料和装饰品,再加上一家分店的地址,而迪奥公司可以随时随地给予指导。这样客户们将时装做好之后,就可以打上迪奥的标签了。比如一位客人从美国的加利福尼亚的店铺里买了一件衣服,她就可以在服装上看到两个标签,一个是大一号的"Christian Dior"标签,还有一个是小一号的"California"标签;而第二种是由迪奥时装屋为这些制衣商人提供图纸,然后由那些制衣商人来决定用什么样的布料和颜色,但是这些设计款式都是受到法国产权保护的。

这样的方法能够在一定程度上遏制"盗版"，但这种现象是根本不可能完全根除的。有一次，一位陌生的女士夹带着速写板试图进入到展览会场，被果断地拒绝了，因为克里斯汀·迪奥实在不喜欢这样的"模仿"。还有一次，会场的工作人员发现展览进行时，每当模特穿着新服装出现，台下的一位制衣商就飞快地拿起笔在笔记本上快速地勾勒着。工作人员将情况告诉了克里斯汀·迪奥，这让克里斯汀·迪奥大为光火，他直接走到那位制衣商的身边，当着众人的面将制衣商的笔记本和通行证都撕得粉碎！

在美国的这片土地上，克里斯汀·迪奥的成功并不是偶然的，他已经知道自己要的是什么，而且时装设计在他的眼里就是独一无二的，他不容许有人来亵渎他的作品，他一定要让自己的品牌有着最纯正的质量和设计保证。他热爱时装设计，所以他严格恪守着自己的道德情操，正是因为这样坚持原则，才让他建立时尚帝国的梦想一步一步地实现。

迪奥旋风在美国境内刮了很久之后，英国变成了克里斯汀·迪奥要征服的第二个目标。

虽然法国和英国之间的距离非常近，但是英国一开始对克里斯汀·迪奥的"新风貌"是十分抵制的，所以克里斯汀·迪奥一直都没有想过要将自己的品牌推向英国，然而事情的转机在于一封信。

1947年秋，克里斯汀·迪奥在伦敦的萨沃伊宫举行了一场时装发布会。展览后，他收到了一封来自法国驻英国大使馆的信件，原来是英国王室的王太后听说克里斯汀·迪奥来到了英国，她想让克里斯汀·迪奥举办一场私人的展览。于是，克里斯汀·迪奥又悄悄地带着还没来得及换下服装的模特们和工作人员坐上了特别准备的车辆。

王太后带领着肯特公爵夫人、玛格丽特公主和来自南斯拉夫的奥尔加公主等王室成员们看过克里斯汀·迪奥的私人服装展览之后，除了震撼就是惊叹了。她们甚至对自己身上的华服艳妆产生了深深的厌恶，她们对克里斯汀·迪奥的赞美达到了能与英国历史上那些伟大的艺术家相提并论的程度了。

太让克里斯汀·迪奥受宠若惊了，他知道英国的上流社会也是一个潜在的巨大市场，由于当时的英国十分保守，并且，由于美国《时尚》杂志的编辑贝蒂·巴拉迪穿着迪奥礼服被拒绝进入舞会这件事给克里斯汀·迪奥留下了极为深刻的印象，他没有想到自己能够得到英国王室的青睐。

一年之后，克里斯汀·迪奥在英国伦敦的梅菲尔开了第一家迪奥时装店，并且这里也与纽约保持一致，每年开两次时装展览会。迪奥时装屋很快又在英国开了五十五家店铺。他在给雅克·罗埃的信中说：这里是我最想开设迪奥店的地方，但这个过程却真的很艰难。

其间，雅克·罗埃没有空闲的时间，他正忙于在古巴、墨西哥、加拿大等国家的各大百货公司商谈和办理经营许可证件。

加拿大的合作伙伴是霍尔特·伦佛罗公司，在这里又开了七家迪奥分店。

位于古巴的迪奥时装屋装修得非常豪华，而且它还是整个拉丁美洲最豪华的时装屋。这里几乎是完美地复制了蒙田大街30号的所有布局和装饰，它甚至还有自己的迪奥沙龙组织，这让克里斯汀·迪奥极为满意。

雅克·罗埃每天都要向克里斯汀·迪奥报告新店的地址。克里斯汀·迪奥最开始还要参加每一家分店的开张仪式，后来他发现这根本是办不到的。如果将自己的行程排出来的话，那么他每天都是在参加开张仪式，或者是在去往新分店的路上！

迪奥时装屋的扩张是如此迅速，克里斯汀·迪奥这个名字在很长一段时间内也是世界媒体眼中耀眼的宠儿！

3. 时尚帝国的CEO

迪奥品牌现在就是让整个时装行业燃烧起来的火星，"新风貌"系列服装已经开创了一个新的时代。

1954年，迪奥公司还出版了一本小册子，印刷的字体是克里斯汀·迪奥亲自选择的，扉页上是朋友为克里斯汀·迪奥画的画像。这本小册子就像是一本年度报告，记述了公司里的一切活动，比如公司最早建立的初衷和第一次服装展的举行；公司的办公室选址和员工的制度守则；它还详细地记录了公司向全球化发展的规划，将世界各地的销售网点都罗列出来，还有那些品牌延伸的产品，如香水、丝袜、领带等，都对此作了详细的描述。

毫无疑问，克里斯汀·迪奥将自己这一点星星之火照亮了一段梦想永恒的路途，点燃了一个天才的雄心壮志。

一位法国史学家是这样评价克里斯汀·迪奥的：

"毫无疑问，克里斯汀·迪奥是法国历史上最伟大的服装设计师之一，同时也是20世纪全球最伟大的服装设计师之一。在他的手中诞生了'新风貌'，同时也一手缔造了涵盖服装、香水、珠宝首饰、箱包等无数产品种类的庞大商业帝国。他是这个时尚帝国的王者，但更重要的是，他是迪奥的灵魂。"

一座时尚帝国的建立，需要有一位王者来统治，他需要有高尚的品质、过人的天赋、完美的人格魅力以及善用人才的魄力。而克里斯汀·迪奥就如同这位史学家说的一样，他是迪奥的灵魂，他就是迪奥时尚帝国的王者。他不仅有着独到的生意头脑和设计天赋，他还知道如何去巩固自己的帝国，如何与自己的员工共同撑起这一片时尚界的天地。

克里斯汀·迪奥有一位十分能干的业务经理——雅克·罗埃，这个得力的助手从时装屋刚刚成立的时候，就一直在帮助克里斯汀·迪奥处理着大大小小的公司事务。大到迪奥时装屋要建立分店签订合同，小到服装展览会上的灯光角度，这些烦琐的公事时时刻刻都要雅克·罗埃操心。而且他从来都不会有怨言，克里斯汀·迪奥提出什么样的任务，他都会努力地完成。

是什么让雅克·罗埃一直对克里斯汀·迪奥这样忠心耿耿？也许是因为雅克·罗埃很钦佩克里斯汀·迪奥的才能，也许是他一直觉得自己会从克里斯汀·迪奥的身上学到无穷无尽的知识。在雅克·罗埃随身携带的钱夹里，有一张小字条，上面工工整整地抄写着早在1946年9月份克里斯汀·迪奥写给他的信中的几句话：我认为，要完全靠我自己经营这家妇女时装店，我的较为薄弱的意志是不足以支撑的。这时装店的未来将是我们共同工作的结果。让我们希望，我们能够取得成功……我对你、雷蒙德和苏珊娜形成的三人组的依赖，超过对其他任何人的依赖。

在回忆起自己与克里斯汀·迪奥第一次见面时的谈话，雅克·罗埃依然记忆犹新：（克里斯汀·迪奥）他说："让我跟你直说吧。首先，我要一位从来没在妇女时装领域工作过的人来当经理。其次，既然我在这一领域很有经验，我必须时刻使自己看上去很不错。你将是我的右膀子，不管什么时候有难以作出的决定时，你都必须让别人觉得你就是做出那些决定的人。当然，我会支持你的，因为我们将一起决定事情。不过，没有人会知道这一点的，你会发现有时候你将不得不承担别人的指责。"

雅克·罗埃不在乎自己是否会被责骂，他热爱并真正地将自己的全身心都投入到这项事业中去了。这也正是克里斯汀·迪奥看中雅克·罗埃最重要的一点，所以他们能够一直配合默契，并且在很多公司事务的决策上心照不宣。

克里斯汀·迪奥知道如何做一个成功的王者，他用自己的平易近人和挖掘才能的方法来尊重和感激自己的员工。这一点不是每一位老板都能做到的，但克里斯汀·迪奥做到了，所以他可以建立一个时尚帝国。

克里斯汀·迪奥尊重每一个有才华并且人格高尚的人，他是这样看待自己的得力助手雅克·罗埃的："他具有天生的诺曼人的处世之道，这使他能够避免那些迷人的却暗藏奸诈的陷阱。我们的那些讨人喜欢的"亲爱的"不可避免地会在他面前设下种种这样的陷阱……"

克里斯汀·迪奥一直都知道，自己所取得的成功与员工的努力是分不开的，他会与自己的员工打成一片。比如在每年的11月25日，也就是法国传统的圣凯瑟琳节那天，克里斯汀·迪奥会早早地来到公司，并且亲自到公司的每一个部门去为员工作一个简短的演讲。他会在演讲中向他的员工们表示最诚挚的问候和感谢，感谢这些人为了迪奥公司献出自己的才华和天赋，感谢这些人能够陪伴着他去建立更广阔的天地。演讲之后，公司上下所有的员工会有一场狂欢的派对，没有等级之分，没有尊卑观念！每个人都应该尽情地享受欢乐！

　　克里斯汀·迪奥对于自己的员工还有一些非比寻常的激励手段，他总是在办公室中巡视。每当看见一件设计新颖的漂亮服装，他就会叫来所有的员工，当着这些员工的面夸奖这件服装的动人之处，并且还带领大家由衷地向设计者表示祝贺。

　　他不会埋没员工的才华，但是，如果设计阶段已经结束，到了将图纸加工为成衣准备展览的这一阶段，克里斯汀·迪奥要求所有的人必须完成自己手头的工作。他对待自己的员工都是平等而且亲密的，他还非常注重员工们的利益，有的时候为了员工他宁愿得罪客户。

　　有一位贵妇人在迪奥公司订制了几套晚礼服，因为第二天就要穿，她要求时装屋的店员们在晚上将晚礼服送到她下榻的酒店。送礼服的是一个年轻的女孩，她准时地将衣服送到了指定的酒店，由于这位贵妇人刚刚参加完一场舞会，酒喝得有一些多，看到衣服送来了她非常高兴。她拉着年轻女店员的手，一遍又一遍地表示感谢，还摘下了自己的耳环要作为谢礼送给女孩，女孩一直不肯要，但是这位贵妇人一直坚持要女孩收下。因为当时在法国的上流社会，当对方送礼物的时候，不接受是不礼貌的。女孩推辞不过还是收下了，并且她还将酒醉的贵妇人扶到床上休息，安顿好一切之后，她才离开酒店。

但是，有一些人总是在酒醒之后就忘记自己酒醉时许下的承诺，这位贵妇人就属于这种酒醒忘事的类型。当她一觉醒来发现自己的耳环不见了，简直是勃然大怒，她只记得自己在睡觉之前见过迪奥时装屋的那个女店员。她立刻打电话到时装屋，刻薄地训斥了那个女店员，说她是个无耻的小偷。女孩觉得自己十分委屈，她流着眼泪准备去将耳环送回，并且道歉。

克里斯汀·迪奥得知后，马上将这位女店员叫到办公室了解情况，当他得知事情的始末之后，对女孩说："耳环你不必还回去！这件事情我会亲自处理！"说完，克里斯汀·迪奥立刻打电话给这位贵夫人，他严肃地说："我想您一定是搞错了，我相信我的员工绝对不会因为一点蝇头小利就出卖她的人格！耳环在我的员工这里，但这副耳环是您亲自送给她的！而且按照法国的礼仪，一旦礼物送出是不能收回的，只有那些反复无常的人才会干这种无聊的事情，您这样的高贵，肯定不会做出这样的事情，你可以再好好地想一想，是不是您忘记什么细节了呢？"这一席话，让这位贵妇人恍然大悟一般："我想起来了，昨晚确实是我喝醉了，这位女孩送礼服来，还扶我到床上休息，她是一个很好的人，所以我把我的耳环送给了她！请向她转达我最诚挚的歉意好吗？"

另外还有一件小事，也可以体现出克里斯汀·迪奥对员工的体恤。

　　著名的皮尔·卡丹先生在迪奥的公司担任大衣和西服部的负责人，可以说克里斯汀·迪奥是皮尔·卡丹先生的领路人。那个时候，皮尔·卡丹还一无所有，他从克里斯汀·迪奥那里学到了很多东西，他在迪奥工作了差不多一年的时间后辞职了，他离开的原因不是很清楚，据说当时有一件事是他辞职的诱因。迪奥公司对于"盗版"深恶痛绝，有一次他们又了解到有人将设计图纸泄露给了那些仿冒的生产者，于是就将情况上报到警署。警署在调查的时候，将迪奥公司的所有员工都作了详细的审问，这其中就包括皮尔·卡丹！这让清白的皮尔·卡丹十分生气，他讨厌别人对待自己如同嫌犯一样，他愤然辞职！转而他就到了一家戏剧服装制作公司。当时克里斯汀·迪奥还在美国，他对这件事一无所知，等他回到巴黎了解了情况时，他觉得很难过。他决定做一些事情来弥补，正好他要为一场舞会定做一套服装道具，他就来到皮尔·卡丹的工作室，成了皮尔·卡丹在这家新公司的第一位客户。当时，皮尔·卡丹是眼里噙着泪水来迎接自己的前老板的！

　　皮尔·卡丹说过，他从克里斯汀·迪奥那里学到的经验是，千万不要后退！于是，皮尔·卡丹一直都坚持着自己的梦想不放弃，也让他后来终于功成名就！

　　克里斯汀·迪奥对自己的员工都是用尊重的态度和欣赏的眼光去对待的，而有的时候，他在对待媒体的态度上似乎是有些离经叛道。

　　有一次，一群巴西的记者来到蒙田大街30号，他们想要采访克里斯汀·迪奥。公关部的工作人员带着记者敲开克里斯汀·迪奥办公室的门，拿着尺子正在测量的克里斯汀·迪奥板着面孔看着门外的人。工作人员事后回忆这件事："我看到他的笑容，立刻松了一口气，以为他会痛快地答应，但没想到他直接跟我说：'可以，只要我们都用葡萄牙语交谈'。"这还算是克里斯汀·迪奥比较婉转的拒绝方式。还有一次，一位记者想要给克里斯汀·迪奥作一个专题，克里斯汀·迪奥多次拒绝，这位记者依然锲而不舍地再三争取，最后克里斯汀·迪奥答应在家里接受采访。等到记者到克里斯汀·迪奥家中的时候，目瞪口呆地看着泡在浴缸里赤身裸体的克里斯汀·迪奥。克里斯汀·迪奥还"大方"地问："需要拍照吗？我不介意拍一张全身的照片！"记者几乎是吓得落荒而逃。

这就是克里斯汀·迪奥，他不掩饰自己的性情。他的才华和天赋让人们惊叹，但是他绝对不会把自己的一切都包装成为圣人的样子。他会把自己的好恶无所顾忌地表达出来。

迪奥帝国的CEO，克里斯汀·迪奥，他知道如何做最真实的自己！

第八章　永远的怀念

1. 无法忘记的时装展

1957年的春季好像往常一样，但是对于蒙田大街30号来说，这是一个忙碌的季节，迪奥春夏时装发布会将在几天后举行。

在这一段时间里，克里斯汀·迪奥几乎是废寝忘食，终日埋首在设计之中。在这个时候，他的脑子里只有设计，连胡子都忘了刮，饭菜也是助手做好了送到他的工作室。他的眼前全都是设计图纸和布料，除了设计之外，其他的都与他无关!

也许，对于克里斯汀·迪奥来说，每一场服装展览会都是一个标杆，他需要用此来证明是否超越了自己，他需要用此来证明自己的设计是否又一次达到了完美。每一次的成功都会让他得到心灵上的满足，但也正是这样的成功让他有了更多的压力，他害怕自己有朝一日再也不能设计出让人们欢呼的作品。他在回忆录中也说过:

我后半生中的每一天都在准备系列作品的推出。在这一时期中，当我完成一件令我感到满意的作品的时候，我会开心得无以复加;但当我没有灵感的时候我便会非常沮丧，甚至绝望。我会不停地在屋子中转圈或者用一支笔将一张纸划得七零八落，这种情况一直会持续到我完成这个作品为止。而在创作的间歇时刻，虽然假期气氛愉悦，但是对我来说却显得漫长而令人厌烦。当展示室空了的时候，我的思想就会随着那些衣服迷失了。有谁知道明天商店里会摆放其中的哪几件衣服？在这期间，它们被存放在衣橱里，如同一场轻易取得的胜利一般被人遗忘了。这时，我会在它们的面前坐下，一直盯着它们看，从我的内心深处深深地感激它们。

克里斯汀·迪奥看着自己辛苦建立起来的时尚帝国，他觉得自己绝对不能让创作的灵感枯竭，他必须让自己处在设计"癫狂"的状态。一件美丽时装的诞生，需要经过很多的步骤：从最初的构思，到设计团队的不断改进，图纸完成后，缝纫工人用布料做出来，最后悬挂在店里，每一个环节都要精致完美，这就是克里斯汀·迪奥追求的艺术美。每一处线条、每一个装饰、每一个花边都要达到最真实的效果，细节的完美才是最真实的装饰。每一场时装展览的筹备，克里斯汀·迪奥都是殚精竭虑，努力将每一步都做到最好！

成衣制成之后还只是一个雏形，因为图纸在设计师的脑海中都是平面的，只有穿在模特的身上才能有立体的效果，这样设计师才会知道怎样提出修改意见。

当时装的所有前期准备工作都做完之后，就到了预演的时刻了，这也是一个至关重要的环节。通过预演可以发现很多的问题，从而避免在正式的展览会上出现更大的纰漏。预演是不公开的，而且，克里斯汀·迪奥甚至还要在预演厅挂上厚厚的布帘，防止被人偷窥。预演厅里会准备几把椅子，克里斯汀·迪奥带着助手和几位被允许入场的设计师坐在一起，看着模特们在前方走来走去，有时他会叫住模特，然后说出这件服装的一些瑕疵。旁边的助手会详细地一一记录下来。当时预演现场都是安静的，每个人都在认真地思考，然后将自己的感受记录下来，等到预演结束之后，克里斯汀·迪奥再将这些人的意见汇总，从而作出更好的修改。

当所有的准备工作都差不多完成时，特别的日子很快就到来了！

时装发布会一如既往地还是在蒙田大街30号举行，这是一场盛大的演出。每一件服装都承载着克里斯汀·迪奥的希冀，他希望自己的每一场时装发布会都会让人们有不同的惊叹。

演出的会场经过一次次的时装演出，已经被装饰得奢华无比。宽大的展厅、巨大的水晶吊灯有着迷人的光线，墙壁镜被包上了金边，显得非常大气，带靠背的椅子也被包上了暗红色的、软软的垫子，所有的装饰都呈现出一种独特的魅力。

发布会开始了，模特们按次序走出，脸上还是带着一贯的冷漠表情，华丽的长裙在她们的身上表现得犹如舞动的精灵一般，飘飘出众。观众们雷鸣般的掌声一直就没有断过，尤其是在14号出场时，台下的掌声更是此起彼伏，而且很多人都在欢呼，他们的眼睛自始至终就一直定格在14号的身上。

克里斯汀·迪奥站在帷幕后面，好像又回到了十年前第一次展览的时候，台下的观众们也是带着这样的表情，惊叹、钦佩、向往、折服……这些表情和掌声都表达了一个概念——这一次时装发布会依然是成功的。

克里斯汀·迪奥几乎要流下眼泪，十年前的"New Look"发布会的场景和眼前的热烈重叠在一起。十年的时间里有着太多太多的变故，但是不变的，是克里斯汀·迪奥建立时装帝国的坚定和成功。

这一次的时装发布会依然是成功的，媒体将克里斯汀·迪奥都要捧上天了，那些名号如"时装魔法师""世界时装领域当之无愧的王者""最具创新思想的时装设计师""缔造服装艺术的杰出天才"等。还有一家报纸专门为此作了一整个版面的专题，标题就是《迪奥，遮蔽了所有星辰的巨星》。

一颗星星的光芒遮蔽了所有星辉，那就是最美丽的绽放，但是，星星再耀眼，它也要面对陨落的那一时刻……

2. 早逝的天使

1957年，克里斯汀·迪奥上了美国的《时代》周刊，这是最大的荣耀。

十年之前，克里斯汀·迪奥四十二岁，他创办了自己的时装屋，从此，梦想之路开始起程。如今已经是整整十年，他也已经五十二岁了，岁月在他的身上留下了太多太多的印记，但是他依然坚持着自己的梦想，依然在自己的帝国里面坚持着自己的设计。这十年，有十万套的服装被卖出，有着一万英尺的布料被消耗，最大的财富就是那些画满了无数经典样式的设计图纸和样装，最大的欣慰就是这十年来得到的无数赞叹和敬意，这是精神上的荣耀。

克里斯汀·迪奥一个人住在一所大房子里，这是他的众多房产之一，自从他不需要为经济而操劳的时候，他就又回到了原来的贵族生活，好像这种生活已经离他很久了，但是重新享受生活也不是什么难事。他为了自己的喜好，不惜挥金如土，他的每一处房产都有一座美丽的花园，那是他童年时最美好的记忆。他有很多的仆人，每个人都有不同的职责，但是他还不喜欢太过于喧闹的环境，所以一般他都是待在自己的房间里，不忙碌的时候，他就会望着窗外的美景出神。他从来都不会吝啬自己的财富，只要他想到了什么东西，一定会不惜一切代价地去得到，他曾经为了一颗罕见的花种，花费了几十万法郎和大量的人力物力来寻找。

1957年的克里斯汀·迪奥似乎有了某种细微的变化，他好像有一些恐惧，成功越多，他的担心就越多。以前他满不在乎时装展的评价，他对自己充满了绝对的自信，但是现在每一次展览都或多或少地让他感到有些恐惧。现在迪奥公司在全世界范围内的员工已经达到了一千七百人，这让克里斯汀·迪奥感觉到自己的责任重大。他觉得自己绝对不能垮下去，他要将自己的帝国继续壮大，所以他急于想要知道下一步自己该做一些什么。

一天二十四小时的生活是每个人都有的，但是克里斯汀·迪奥的身体似乎有些跟不上这样的生活作息了，这一段时间的压力让他应接不暇，他的身体状况就自然而然地下降了。

克里斯汀·迪奥的脾气变得有些奇怪，但是只有克里斯汀·迪奥的朋友兼助手们德拉哈夫人、雷蒙德·泽纳克夫人和司机皮埃尔知道这是怎么一回事：巨大的压力让克里斯汀·迪奥有些承受不住了。有好多次，雷蒙德·泽纳克夫人在半夜的时候被自己老板的电话叫醒，电话那头的老板哭泣得像是一个孩子。

别人看到的只是克里斯汀·迪奥日渐发福的身材，他喜欢吃美味的食物，而且胃口还好得不得了。但这只是表象，只有皮埃尔知道自己的老板已经有两次心脏病发的经历了，一次是在博物馆的花园里，还有一次是在广场上。克里斯汀·迪奥两次都是突然倒地，这让身边的人都吓坏了，赶忙将他扶到长椅上去休息。就连医生也不得不发出警告，让克里斯汀·迪奥必须要有充足的休息和睡眠，不然谁也不能预料再有一次心脏病发会产生什么样的严重后果。

迪奥公司的一位员工说："我们都理解他，虽然他有的时候显得不可理喻，但是我们理解他，任何一个人处在他的位置上都不好受。他是那么出色，以至于他不能接受一丁点儿的失败。他面临着非常大的压力，我们所担心的是他的身体和精神不能承受这种难以想象的压力。"

但是，克里斯汀·迪奥就是硬撑着自己的病重的身体不肯休息，而且他也不肯减少摄入那些过于油腻的食物，他所能解压的方式就是享受美食了！

克里斯汀·迪奥知道自己的身体每况愈下，但他还是要求身边的人对此保密。而且作为一个宿命论者，他觉得自己现在的状况都是上天安排好的，从自己捡到那颗"幸运之星"那一刻开始，他就一直做好了一种准备，服从于命运安排的准备。

鉴于这样糟糕的情况，他已经着手准备立遗嘱了。其实，这份遗嘱已经在七年前就拟定好了，只是一直都没有被公开，现在他觉得应该再改一改。他把他的律师叫来，他发现自己需要罗列的名单太多了，皮埃尔·佩洛提诺、雷蒙德·泽纳克、凯瑟琳·迪奥以及他原来的家庭教师玛莎小姐，还有自己的侄子侄女、朋友、同事……这些名单都要增加，他想要将自己的财富都适当地分配给身边的人，他希望自己死后，这些人都能够受益。但是，到最后想得头疼，1957年8月30日，他的遗嘱终于写好了：

　　我，克里斯汀·迪奥，在此遗嘱里，要求我在尘世上的一切财产将由我的妹妹凯瑟琳·迪奥和雷蒙德·泽纳克夫人平均分享。此外，我授权她们保证给玛莎·勒弗布韦尔小姐适当的生活津贴。

　　做好这些，克里斯汀·迪奥忽然想回到普罗旺斯的科尔瓦诺去，那里也有他的一处房产，他的占卜师却告诫他不要去，因为那里会有不好的事情发生。一直都听从于占卜师的克里斯汀·迪奥这一次却不同，他坚持要去，他觉得即使真的发生了什么事情，那也是命运的安排。

　　1957年10月初的时候，克里斯汀·迪奥从普罗旺斯回来，这段为期两星期的旅程，并没有带来什么不好的事情，而且他觉得自己的身体状况也开始好转了。他还想要出门走一走，这些年就光顾着忙碌事业，即使他在全世界有多家分店，他都没有好好地享受一下各地的风景，他想先去意大利泡温泉。

3. 永远怀念

　　1957年的秋天真是美极了，意大利的北部有一个温泉小镇——蒙特卡蒂尼。这座美丽的小镇坐落在托斯卡纳大区北部、阿普安纳山脉的南麓，就在比萨和佛罗伦萨两个城市中间，各个时代的建筑风格都在这里留下了印记。这里有名的温泉包括蒙特卡蒂尼浴场、拉坡迪纳温泉、蒙苏玛努浴场，还有特图库和埃可西奥。这里的温泉水质一流，可以缓解多种病痛。蒙特卡蒂尼浴场是意大利最大的温泉之一，曾经在罗马风靡一时。

蒙特卡蒂尼的市容非常整洁，而且小镇的风格还和法国的坎城相似，这里是上流社会的度假中心。

这里一直都是克里斯汀·迪奥向往的地方，但是他的占卜师却告知他，这一次的旅行是不好的！克里斯汀·迪奥依然没有在意，他说："我觉得我必须去，即便是会遇到不幸的事情，那也只不过是说明我命该如此。"占卜师忧心忡忡地看着克里斯汀·迪奥，她忽然发现命运可以预测，但是却不能避免。

经过长久病痛折磨的克里斯汀·迪奥因为这一段时间的休养，精神似乎好了很多。在出发的头一天晚上，克里斯汀·迪奥和几位朋友待在一起，有雅克·吕贝塔、苏珊娜·卢琳、雷蒙德·泽纳克夫人等，他们在一起吃饭聊天，克里斯汀·迪奥还对雅克·吕贝塔赞不绝口，告诉他一定会出名的。大家都聊得十分尽兴，克里斯汀·迪奥甚至还在香榭丽舍大街跳起舞来，这让每个人都很愉快。

1957年10月24日晚上，克里斯汀·迪奥和随行的朋友们刚刚从蒙特卡蒂尼浴场回到酒店休息，意犹未尽的克里斯汀·迪奥又提议大家一起来打牌。朋友们都欣然赞同，大家都玩得很愉快，到了十点的时候，雷蒙德·泽纳克夫人觉得应该让克里斯汀·迪奥休息了，就在她想要提醒克里斯汀·迪奥的时候，斯汀·迪奥已经面目扭曲地倒在了沙发上。大家都吓坏了，有人将克里斯汀·迪奥平放在地上，使劲地按压着他做心脏复苏的动作，有人跑去叫来酒店的侍应生，有人在忙着找出心脏药物希望能有一些帮助……整个酒店几乎是乱作一团，但是一切都无济于事。当救护车赶来的时候，克里斯汀·迪奥已经停止了呼吸，他甚至都没有留下一句话。

当晚，马塞尔·布萨克乘坐自己的专人飞机将克里斯汀·迪奥的遗体接回了巴黎。

1957年10月27日，这一天是克里斯汀·迪奥的葬礼。

克里斯汀·迪奥的灵柩静静地安放在圣·奥德诺教堂中，灵柩的周围铺满了美丽的鲜花：山茶、玉兰、百合……这些花朵都是纯洁的白色，每一朵花都绽放得正好，簇拥着这位天才的遗体。克里斯汀·迪奥的面容如此沉静，就好像睡着了一样的安详。他从小就喜欢花朵，并且这种喜爱随着年龄的增长而越发浓厚，他在生前的每一次时装发布会上都会用大量的鲜花来装扮。如今，他在离开这个世界的时候，在鲜花的簇拥下走完最后一程，也算是为他艺术的一生画下一个美丽绽放的句号吧！

教堂里站满了人，这其中有很大一部分是上流社会的知名人士：王室成员、好莱坞的明星们、商界领袖以及那些始终与克里斯汀·迪奥相伴的朋友，他们的表情里有不敢相信的震惊，还有天才早逝的惋惜和伤悲。晶莹的泪珠随着哀婉的钟声流淌到黑色的衣服上，到处都沉浸在一片黑色的死亡气氛中。尽管这里的人很多，但是空气里流动着一种寒冷，黑色的布帘点缀着这样的肃穆和庄严。教堂外面还有更多人在伫立，等候着克里斯汀·迪奥的灵车从教堂中走出来，他们都想要送这位伟大的设计师最后一程。每个人都想要极力地忍住自己的悲伤，但是悲伤随时随地都在心头挥之不去，谁都无法相信这样一位伟大的人物终究是要离开这个给予他太多磨砺的世界。

风琴的音乐声回荡在教堂里，又传到了外面的街道上，继而缥缈地传向了更远的地方，就好像是命运用这样的音乐声指引着克里斯汀·迪奥的灵魂走向神圣的天堂。克里斯汀·迪奥为自己选择的最终归宿在普罗旺斯的可利安，那里有他生命中过得最为惬意的一段时光。

长长的车队驶过原野，一路上的风景如画，每一处景物都是克里斯汀·迪奥深深的回忆。曾经，他从这里出发，奔向自己的梦想之路。现在，他带着所有的荣耀回到这里，然后，长眠于此！

随着厚重的棺木沉入了墓地，克里斯汀·迪奥那段传奇的人生就在这样美丽的风景中结束了……

一首安魂曲缓缓地响起，花瓣散落了一地……

4. CD不只是一个代号

克里斯汀·迪奥就这样悄悄地离开了这个世界，但是他的时尚帝国还没有终结，他的精神还没有消失。他的名字的英语缩写——CD已经不只是一个名字、一个符号了，他代表着一种奢华的气质和荣耀，代表着一种时尚潮流的象征！

全世界的媒体都将克里斯汀·迪奥的逝世形容为一个伟大的人物终结了一个伟大的时代，接下来要有一位新的人物出现来开创下一个时代。

雅克·罗埃依然在为迪奥公司操劳着，他还不知道该如何选择出公司的继任者。但是，当他看到伊夫·圣罗兰的时候，他知道，也许克里斯汀·迪奥早就在冥冥之中安排好了一切。

伊夫·圣罗兰是贫寒出身的孩子，他从小就对服装表示出浓厚的兴趣，当他来到迪奥公司之后，克里斯汀·迪奥就发现了他的才华。于是，他开始着重培养这个小男孩，不到半年的时间，伊夫·圣罗兰就从克里斯汀·迪奥那里得到了一间大办公室作为奖励。现在，他已经完全能够独当一面了！

1957年，伊夫·圣罗兰成为了迪奥公司的第二位创意总监。随后，他的"梯形线条"服装获得了巨大的成功，这一系列的服装既安抚了人们因为克里斯汀·迪奥早逝的担忧，也稳定了迪奥公司的发展趋势。

1960年，马克·伯昂接替伊夫·圣罗兰成为迪奥公司的第三任艺术总监，他的"春夏系列"和"苗条系列"都完美地延续了克里斯汀·迪奥的艺术风格，并将其发扬光大。

1989年，迪奥品牌由意大利设计师费雷主持设计，他的到来，为迪奥传统的较夸张、浪漫的风格融入了新的严谨与典雅。

1997年，英国人约翰·加利亚诺出任创意总监。他在出任创意总监的第一年，就遇到了迪奥公司五十周年的品牌诞辰，而这时的春夏时装展览对于他来说是一大考验。于是，他用"致敬+革命"的设计方式制造了"New New Look"，他希望能借此来向克里斯汀·迪奥表达自己的敬意，这引起了时尚圈的热议，也引起了迪奥"New Look"的重生。

2000年，由年轻设计师艾迪·斯理曼主创的迪奥男装系列（Dior Homme），则将这个巴黎经典时装品牌推向了新的高潮。

2007年，克里斯·万艾斯继艾迪·斯理曼之后担任迪奥男装设计师，直至今天。

如今，迪奥的品牌范围除了高级时装外，更已拓展到香水、皮草、针织衫、内衣、化妆品、珠宝及鞋等领域。并且，迪奥公司的所有员工还在不断尝试、不断创新，但是迪奥公司始终保持着优雅的风格和品位。

传奇早已成为了经典，而CD这个时尚帝国，永远都不会褪色！

附 录

迪奥生平

1905年1月，克里斯汀·迪奥出生在风景如画的法国诺曼底卢瓦尔河谷小镇，他的父亲是亚历山大·路易斯·莫里斯·迪奥，母亲玛丽-玛德琳·朱丽叶·马汀是一位优雅的贵妇人，而迪奥还有一个哥哥雷蒙。迪奥的祖父是一位成功的商人，他的生意就是生产和销售化肥，而迪奥的父亲更是子承父业，等到迪奥出生之后，父亲已经将化肥公司的资本增加到一百五十万法郎。良好的家世为迪奥提供了优越的物质生活条件。

父亲的严厉，母亲的管束，这样的家庭让迪奥的童年生活循规蹈矩，因此也培养出了迪奥浓厚的艺术气息，虽然父亲总是督促他去学习，母亲也将家里布置的井井有条，还但是小迪奥还是愿意与自己的外婆待在一起，因为外婆口中的故事让他向往外面自由的世界。还有格朗维尔的海滨大道，船只桅杆，以及色彩强烈的狂欢节，这些都是小迪奥关于艺术的最初理解。

1910年，父亲莫里斯.迪奥的生意做得正红火，全家搬到了巴黎，美丽的巴黎可以说是小迪奥的艺术启蒙教师，这里的一切都跟艺术有关，巴黎这座城市彻底的吸引住了迪奥。如果说在格朗维尔的迪奥还停留在认识梦想的阶段，那么在巴黎的迪奥已经开始为自己的梦想描绘蓝图了。外婆是一个十分具有想象力的慈祥老人，她对于小迪奥来说，就像是一位心灵的导师一样，她为这个终日沉默的少年带来了一丝光明，正是因为有了外婆，小迪奥才能勇敢的并且快乐地去剪裁布料，将自己心中的艺术理念融合到那些布料中，使它们有了生动的面孔。

1914年一战爆发，这一场战争改变了太多太多，包括迪奥的生活和习惯，他表面上还是顺从父母意愿的，实际上他早就对这样枯燥的生活感到厌烦，只是他不动声色，直到他进入巴黎政治学院去学习，那种掩藏在他骨子里的叛逆被他用戏剧表演的方式斡旋在父母和朋友之间。

1923年，迪奥认识了一位挚友——亨利.索格，两个人经过朋友的引荐而相识，但是艺术所产生的共鸣让两个人相见恨晚，成为了一辈子的莫逆之交。事实上，迪奥通过艺术结识了很多的朋友，他们经常在索格的俱乐部里一起讨论文学和绘画，一起讨论戏剧表演交流心得，他们虽然都是家境殷实的纨绔子弟，但是他们大都性情温和，对于艺术的追求执著而单纯。这时，迪奥在服装设计上的天分越发的凸显出来，为朋友们的戏剧表演设计服装，为朋友们提出服装搭配的建议等等。但是，这时一心想要成为音乐家的迪奥还没有发现自己的天分。

1928年，艺术梦想的种子在迪奥的心底里成长的越发强壮，常年流连于酒吧和剧院让迪奥的成绩一落千丈，于是，留级已经是铁打的事实，然而，迪奥却在做出了一个为了梦想而战的决定：他向学校呈上了"退学信"。尽管父母十分的不情愿，但是他们知道他们已经管不住迪奥那一颗为艺术甘愿放弃一切的心灵。而且事已至此，他们只得放任迪奥去追寻艺术。而迪奥在看了"时尚之王"—— 保尔·普瓦雷的设计之后，内心无比震撼的迪奥决心要向艺术殿堂更进一步，他和自己的朋友合开了一座画廊。画廊里满是二十世纪天才艺术大师的杰作，即使迪奥与这些画作朝夕相处，他也不觉得枯燥乏味，这就是艺术的魅力。

1935年，在经历了父母辞世，家道中落一系列变故之后，迪奥开始清醒了，他知道想要继续追寻艺术，首先要学会养活自己。他四处奔波，寻找工作，但却没有一家公司收留他，这让他备受打击。不过，正是因为一家著名设计公司的拒绝，让他看到了新希望，他决定要当一名服装设计师。在朋友的公寓里，他像着了魔一样，不断的绘制着在自己脑海里翻滚不断的服装设计图，并乐此不疲。直到有一天，用六张设计图换回了一百二十法郎，这是他的第一笔设计收入！

1938年，已经小有名气的迪奥被巴黎服装设计师罗伯特.皮盖聘请为自己设计助理，这位颇具影响力的大师对迪奥今后的事业有着特殊的启发，迪奥的设计生涯已经缓缓地拉开了序幕。

1946年，迪奥的事业才是真正地起步，经过朋友的引荐，迪奥拜访了马塞尔.布萨克，两个人几乎是一谈倾心，相同的艺术理解和人生观念让两个人决心合作，12月16日，迪奥的第一家服装店在蒙田大街30号开业，从此，这家时装屋引领了一场旷日持久的时装革命。

1947年，这一年，对于迪奥来说，是十分具有纪念意义的一年，第一场个人服装发布会"New Look"召开，迪奥希望这可以让世界上所有的女性们感受到爱和幸福，只是他没有想到这一场时装发布会成为了潮流的方向标。《哈珀》杂志主编对这一场别样的时装发布会赞叹不已，世界时尚历史从此展开了新的一页。随着香水公司的成立，迪奥开始挖掘更多的时尚因素，品牌延伸是时尚界的新宠，而迪奥他希望能够将自己的时装屋打造的更加完美。

1948年，迪奥时装屋获得了时装界奥斯卡的奖项，这是美国德克萨斯州的一家著名的奢侈食品公司颁发的，目的就在于奖励全世界范围内那些优秀的服装设计师。迪奥也因此有机会到美国去实地考察一番。旅程是美好的，美国街头的每一处风景都让迪奥坚定了征服这个国家的决心，他要把时装屋开遍美国的领土。与法国时装屋不同的是，在美国的迪奥时装屋增添了许多美国本土的特色，迪奥认为这就是把自己的设计理念翻新了一下，但是，这样的翻新更有利于被美国民众所接受。当迪奥时装屋分店在纽约的第五大道上开幕时，迪奥的心中有了更伟大的目标。

1949年，迪奥正式采用品牌延伸策略，涉及裤袜、手套、皮具、化妆品等多种门类。

1954年，迪奥品牌推向全球，自美国成为迪奥旋风覆盖的第一个国家后，英国变成了迪奥要征服的第二个目标，随后是古巴、墨西哥、加拿大等国家，迪奥品牌飓风席卷了全球，而迪奥这个名字在很长一段时间内都是世界媒体中耀眼的宠儿。迪奥时尚帝国完整地建立起来了，而克里斯汀.迪奥这位时尚界的CEO也知道如何做最真实的自己。

1957年，迪奥精心准备的春夏时装展让迪奥登上了美国《时代》周刊，这对于迪奥来说，真的是莫大的荣耀。至此，迪奥的时尚帝国已经达到了巅峰。

迪奥年表

1905年1月21日深夜1点30分，克里斯汀·迪奥出生在法国诺曼底卢瓦尔河谷小镇。父亲叫亚历山大·路易斯·莫里斯·迪奥，母亲叫玛丽·玛德琳·朱丽叶·马汀。

1910年，因为父亲生意的扩大，全家迁往巴黎。

1911年－1914年，克里斯汀·迪奥就读于巴黎的贵族学校格尔森。

1914年－1919年，因为第一次世界大战的爆发，跟随家人在格朗维尔避难。

1920年－1923年，一战结束，全家搬回巴黎，克里斯汀·迪奥上高中。

1923年，遵从父母的心愿，入学巴黎政治学院，攻读政治学。

1928年，同朋友雅克·邦金经营画廊，展出20世纪现代艺术大师的作品。

1931年，父亲破产，母亲过世，富裕的生活到此告一段落。

1935年，开始在朋友的裁缝店内，为顾客绘画服装样板的工作。时装画以每张二十法郎的价格卖出。

1938年，被巴黎服装设计师罗伯特·皮盖雇用为设计助理。

1939年，第二次世界大战爆发，参军南下。

1940年，因为巴黎沦陷，被迫退伍，与父亲和妹妹团聚在乡下种田。

1941年底，重新返回巴黎担任设计师吕西安·科隆的设计助理，学习高级服装设计技艺。

1946年，经过朋友引荐，拜访马塞尔·布萨克，由于讨论深切，两人一拍即合，共同创立服装公司。第一家店在蒙田大街30号于12月16日正式开幕。

1947年2月12日，第一场个人服装发布会召开，"New Look"系列被《哈珀杂谈》杂志主编赞叹，世界时尚历史从此展开新的一页。

1947年，第一款香水"Miss Dior"问世，并且成功地成立了自己的香水公司。

1947年，因为"时装界奥斯卡"奖项，开始了美国之行。

1948年，迪奥时装屋分店在纽约的第五大街上开幕。同年，皮革专卖在巴黎开张。

1949年，成为世界首位签署授权裤袜合约的女装设计师；推出迪奥秋冬时装系列发布会；与此同时开始了"品牌延伸"策略，涉及手套、皮具等多个门类。

1950年，美国首张领带授权合约Christian Dior Ties签订。Christian Dior化妆品推出第一支口红。

1953年，推出迪奥秋冬系列发布会；聘任年轻的圣罗兰先生为个人唯一的设计助理；同年推出"郁金香"造型，建立鞋厂，定做鞋子。

1954年，伦敦第一家迪奥时装分店开张，推出多种为后世设计师效仿的经典服装样式。

1956年，个人回忆录《Christian Dior et Moi》（我与克里斯汀·迪奥）出版。

1957年，3月4日成为首位登上美国《时代》杂志封面的服装设计师。8月30日，立下遗嘱。 10月24日心脏病发逝世，圣罗兰先生接任公司的艺术总监。